Beglückende Begegnungen

Zebrastreifen

Glück wünscht sich wohl jeder für sein Leben. Meist denken wir da an ganz große, bedeutende Ereignisse – doch manchmal ist es nur eine Kleinigkeit, die einen ganz normalen Tag zu etwas Besonderem macht. Wie heute:

An einem schönen Nachmittag sind wir im Auto unterwegs. Vor einem Zebrastreifen wartet ein etwa zehnjähriges Mädchen in bunten Leggins und pinkfarbenem Shirt. Mein Mann bremst ab und hält dann an. Aufmerksam schaut die Kleine noch einmal nach links und rechts. Dann überquert sie zügig die Straße.

Ein Allerweltsvorgang, könnte man meinen. Doch diesmal erleben wir eine Überraschung: Als das Mädchen die andere Straßenseite erreicht, dreht es sich noch einmal zu uns um. Es lacht, formt mit den Händen für einen Moment ein Herz und winkt dann fröhlich.

Verblüfft schauen wir uns an. Das ist uns noch nie passiert und irgendwie gibt es dem Tag einen ganz besonderen Glanz.

Ein Schüsselchen Kirschen

Eine meiner Freundinnen könnte sich problemlos tagelang nur von Obst ernähren. Ich bewundere sie dafür. Ich selbst bin kein Obst- oder Gemüsefan. Natürlich esse ich das Zeug, aber weniger weil es mir schmeckt, sondern eher weil es mir mein Verstand und die Verantwortung für meinen Körper gebieten – ganz abgesehen davon, dass Ärzte und Ernährungswissenschaftler einem dauernd damit in den Ohren liegen.

Trotzdem – wenn ich wählen müsste zwischen Äpfeln, Tomaten und Mettbrötchen, würde ich mich immer für das Brötchen entscheiden!

Obwohl – wenn ich es mir recht überlege, einige dieser gesunden Vitamin- und Ballaststoffspender mag ich tatsächlich: Zwiebeln und Lauch zum Beispiel, Kartoffeln natürlich, schwarze und grüne Oliven, Beerenobst und seltsamerweise ganz besonders Süßkirschen.

Vielleicht hängt die Begeisterung für die kleinen roten Früchtchen mit einem Erlebnis in früher Kindheit zusammen …

Es muss Mitte der Fünfzigerjahre gewesen sein und ich war etwa fünf Jahre alt. Meine Mutter arbeitete in Heimarbeit für eine der örtlichen Strumpffabriken, die Großeltern waren bereits Rentner. Wir lebten gemeinsam in einem Siedlungshaus auf dem Dorf und so war immer jemand für mich da. Es gab also keinen Grund, mich frühmorgens aus dem Bett zu holen und in die Kita zu bringen. Offenbar war ich damals schon kein Morgenmensch und durfte im-

Ingeborg Reinhold

... ZUM GLÜCKLICHSEIN BRAUCHT MAN NICHT VIEL

40 kleine Erzählungen

BRUNNEN
Verlag GmbH · Giessen

© 2022 Brunnen Verlag GmbH Gießen
Lektorat: Carolin Kotthaus
Umschlagfoto: Adobe Stock
Umschlaggestaltung: Daniela Sprenger
Satz: DTP Brunnen
Druck: CPI books GmbH, Leck
Gedruckt in Deutschland
ISBN Buch 978-3-7655-4374-6
ISBN E-Book 978-3-7655-7632-4

www.brunnen-verlag.de

Inhalt

mer ausschlafen – ein Privileg, das ich übrigens erst heute richtig schätzen gelernt habe.

Als ich eines Morgens im Frühsommer wach wurde, fand ich die Wohnung leer vor. Meine ältere Schwester befand sich längst auf dem Weg zur Schule, aber wo waren die anderen? Ich lauschte. Durch das geöffnete Fenster vernahm ich leise Stimmen im Hof. Kurzerhand tapste ich im Nachthemdchen zur Wohnungstür hinaus und die Haustreppe hinunter ins Freie.

Da sah ich sie auf der weiß gestrichenen Bank unter dem alten Kirschbaum sitzen: meine Mutter, die Großeltern und einen fremden, recht armselig gekleideten Mann. Er hatte neben sich eine Art Köfferchen stehen mit allerlei Krimskrams drin, den man im Haushalt so braucht – Nähnadeln, Stopfgarn, Zwirn, Reißverschlüsse, Knöpfe und Ähnliches. Offenbar handelte es sich bei dem Fremden um einen jener Händler und Hausierer, die damals noch von Zeit zu Zeit durch die Dörfer zogen und auf diese mühsame Art versuchten, ihre Familien zu ernähren. Der, der an jenem Tag unter unserem Kirschbaum saß, muss einer der ärmsten seiner Art gewesen sein.

Nun lebten auch wir nicht gerade im Überfluss. Mein Großvater baute zwar im Garten Kartoffeln und Gemüse an und es gab einige Apfelbäume, Birnen, Pflaumen, Kirschen und jede Menge Beerensträucher, sodass wir satt wurden, aber viel mehr an Geld und Gut war nicht verfügbar.

Ich weiß nicht, ob meine Großmutter dem Hausierer viel Ware abkaufen konnte. Ich vermute, eher nicht. Aber sie hatte etwas anderes getan und genau das ist wohl der

Grund, warum mir diese für ein kleines Kind doch ziemlich unbedeutende Begebenheit so gut in Erinnerung geblieben ist.

Meine Großmutter hatte für den offensichtlich Not leidenden Mann eine kleine Schüssel frischer Süßkirschen vom Baum gepflückt. Ich sah den bettelarmen Fremden auf der Bank sitzen, wie er mit beiden Händen das Kirschschüsselchen fest umklammert hielt und ihm dabei Tränen übers Gesicht liefen. Langsam, fast andächtig, begann er Kirsche um Kirsche zu essen – nein, nicht einfach nur zu *essen*, sondern zu *genießen*. Offenbar wurde ihm solche Labsal und Güte nicht oft zuteil. Das spürte sogar das kleine Mädchen, das dort barfuß und im Nachthemdchen im Hof stand.

Wenn ich heute, etliche Jahrzehnte später, im Sommer die ersten Süßkirschen nasche, dann sehe ich noch immer diese Szene auf der weißen Bank unter dem alten Kirschbaum vor mir.

Ich fühle die überraschte, dankbare Freude des armen Hausierers – und ich spüre die Wärme und Liebe meiner Großeltern, die von dem wenigen, was sie besaßen, noch gern und ganz selbstverständlich an Menschen in Not abgaben.

Das musste jetzt einfach raus

An einem Nachmittag im Dezember bin ich eingeladen, während einer Weihnachtsfeier der beiden Seniorenkreise einer Kirchgemeinde in unserer Stadt einige meiner kürzlich erschienenen Weihnachtsgeschichten zu lesen.

Ich freue mich und bin gleichzeitig wie vor jeder Lesung etwas nervös. Werden die Leute meine Geschichten mögen? Vielleicht langweilen sie sich auch und plaudern lieber miteinander?

Nach dem gemütlichen Kaffeetrinken, dem gemeinsamen Singen einiger Weihnachtslieder und einer kurzen Andacht vom Gemeindepfarrer beginne ich mit reichlich Herzklopfen zu lesen.

Schon nach wenigen Zeilen merke ich, wie interessiert und aufmerksam die älteren Herrschaften zuhören. Sie schmunzeln oft, lachen manchmal laut, halten den Atem an – und der eine oder die andere wischt sich auch mal verstohlen über die Augen. Die Geschichten scheinen ihnen zu gefallen.

Ich bin so froh und dankbar, mir fällt ein ziemlich großer Stein vom Herzen.

Es wird ein wunderschöner, harmonischer Nachmittag. Zum Schluss bekomme ich Blumen überreicht und die Senioren klatschen begeistert.

Plötzlich steht eine der älteren Damen auf, wendet sich mir zu und sagt bewegt: „Ihre Geschichten haben mein Herz berührt. Ich bin innen drin so voller Freude, darum möchte ich für Sie ein Lied singen."

Ich bin sprachlos, so etwas habe ich noch nie erlebt. Auch der Pfarrer schaut leicht irritiert und die anderen Damen und Herren in der Runde reagieren ebenfalls ziemlich verblüfft. Offenbar gehört diese Frau sonst eher zu den Stilleren und ist keine von denen, die öfter mal das Wort ergreifen und gern im Vordergrund stehen.

Sie räuspert sich einmal kurz und stimmt ohne großes Federlesen an, zuerst noch etwas rau und unsicher. Aber schon nach wenigen Tönen singt sie mit klarer, weicher Altstimme das alte schlesische Weihnachtswiegenlied „Auf dem Berge, da wehet der Wind".

Am Ende nickt sie mir lächelnd zu. „So, das musste jetzt einfach raus", sagt sie schlicht und setzt sich bescheiden wieder auf ihren Platz.

Es gibt noch einmal Applaus, diesmal für sie.

Ich bin gerührt – und sehr glücklich. Ob die Dame ahnt, welch wundervolles Geschenk sie mir eben gemacht hat? Für mich ist dieses zarte Lied gerade tausendmal wertvoller als große Blumensträuße und jubelnder Beifall! Empfangene Freude, die überfließt und weitergegeben wird …

Noch auf dem ganzen Heimweg klingt es in mir nach: „Auf dem Berge, da wehet der Wind …"

Brückentag

Man muss nicht immer alles motorisiert erledigen, finde ich. Von unserer Wohnung aus geht man zu Fuß etwa eine halbe Stunde bis zur belebten Innenstadt mit Marktplatz, Kaufhäusern, kleinen Geschäften, gemütlichen Cafés und Restaurants, Kinos und anderen öffentlichen Einrichtungen.

Grund genug, öfter das Auto stehen zu lassen und auch Straßenbahn oder Bus geflissentlich zu ignorieren. Der Vorteil: Man braucht nicht ewig nach einem Parkplatz zu suchen …

Auch heute laufe ich wieder einmal mit meinem kleinen Rucksack auf dem Rücken los. Ziel: die Stadtbibliothek.

Dabei überquere ich immer auf einer kurzen graugrün gestrichenen und nietenbestückten Stahlbrücke einige Eisenbahngleise. Ich mag dieses Bauwerk, es ist ein schönes Zeugnis solider alter Handwerksarbeit. Gelegentlich bleibe ich dort oben stehen und beobachte die durchfahrenden Güter- oder Personenzüge. Die Faszination des Reisens, die Sehnsucht nach der Ferne, packt mich.

Dieses Mal habe ich wieder Glück – auf einem der Schienenstränge kommt gerade ein Regionalzug gefahren. Er wird immer langsamer, die Bremsen quietschen und schließlich bleibt er stehen.

Offenbar hat er noch keine Einfahrtserlaubnis in den nahen Hauptbahnhof.

Ich trete näher ans Brückengeländer, schaue hinunter und mustere den mir am nächsten stehenden Waggon. Hinter einem der Fenster entdecke ich einen Herrn in mittleren

Jahren im weißen Hemd und roter Krawatte, der eifrig auf seiner Laptoptastatur herumtippt und sich vermutlich durch nichts und niemand stören lassen wird – schon gar nicht durch einen unplanmäßigen Aufenthalt.

Zwei Fenster weiter sitzt eine junge blonde Frau im dunklen Rollkragenpullover und schaut im Gegensatz zum anderen Fahrgast hoch zu mir.

Als kleines Mädchen hätte ich in solch einer Situation eifrig von der Brücke aus hinuntergewinkt. Das würde ich jetzt am liebsten auch tun, der Arm zuckt schon. Resolut – und mit leichtem Bedauern – rufe ich mich aber zur Ordnung. Schließlich bin ich eine reife Frau im gesetzten Alter, da winkt man nicht einfach fremden Menschen zu! Das wäre albern und kindisch – oder …?

Bevor ich Zeit habe, darüber traurig zu sein, hebt plötzlich die blonde Frau den Arm und winkt lächelnd zu mir herauf!

Kann sie Gedanken lesen?

Gesetztes Alter oder nicht, völlig egal jetzt – ich winke strahlend zurück.

Dann setzt sich der Zug langsam wieder in Bewegung. Wir winken uns noch einmal grüßend zu, bevor wir uns aus den Augen verlieren. Das Lächeln aber bleibt noch eine ganze Weile auf meinem Gesicht …

Auf gute Nachbarschaft

Ein Umzug ist in den meisten Fällen eine arbeitsintensive und aufwendige Angelegenheit – zumindest für die Menschen, die unmittelbar davon betroffen sind.

Weniger aufwendig, aber dafür unsicher und angespannt ist so ein Wohnungswechsel dagegen manchmal für die zurückbleibenden Hausbewohner. Sie leben für eine ganze Weile in unruhigen Zeiten. Wie und wer wird der neue Mieter sein?

Genau in dieser Situation befinden wir uns seit ein paar Wochen.

Auf unserer vierten Etage des großen Wohnhauses wurde eine Wohnung frei. Die Mieterin, die wie wir alle vor fast zwanzig Jahren gleich nach Fertigstellung des Gebäudes eingezogen war, hatte die Neunzig überschritten und war zusehends gebrechlicher geworden. Nun wollte sie in ein Seniorenheim umziehen. Das war zwar schade, aber irgendwie hatten wir bereits damit gerechnet und schließlich war es auch ein ganz normaler Vorgang.

Der Haken an der Sache: In all den Jahren hatten wir auf unserer Etage noch keinen einzigen Mieterwechsel erlebt. Zwar hatte es in unserem Wohnhaus mit 28 Mietwohnungen schon öfters Umzüge gegeben, aber immer auf anderen Etagen. Die neuen Mieter blieben manchmal nur wenige Monate wohnen, andere über Jahre – manche von ihnen lernte man kaum kennen. Immer mal wieder bekamen wir mit, dass es mit dem einen oder anderen neu Eingezogenen Ärger unterschiedlicher Art und Dimension gab.

Lediglich wir lebten quasi noch in einer Art heilen Welt. Wir kannten uns, verstanden und vertrauten einander und halfen uns gegenseitig. Die Blumentöpfe und Balkonkästen während des Urlaubs betreuen? Kein Problem! Ebenso wenig wie die Post für den anderen aus dem Briefkasten zu holen oder die Katze zu füttern.

Unwillkürlich stellte sich uns die bange Frage, wer wohl demnächst das ehemalige Zuhause von Frau Dost bewohnen würde …

In dieser Woche ist es nun so weit. In die renovierte und generalüberholte Wohnung wird eine neue Mieterin einziehen. Natürlich kursieren im Haus schon diverse Gerüchte – obwohl keiner Näheres weiß. Wir sind entschlossen, erst einmal abzuwarten und uns selbst unser Urteil zu bilden.

Am Dienstag hängt innen neben der Haustür ein weißer, nett formulierter Zettel im DIN-A4-Format, dass es am kommenden Donnerstag wegen eines Einzuges möglicherweise etwas lauter als üblich sein wird und vielleicht hin und wieder der Aufzug blockiert sein kann. Die neue Bewohnerin bittet um Verständnis und bedankt sich schon vorab. Unterschrieben ist die Information mit „Leonie Lindner".

Zwei Dinge sind also schon einmal klar: Auf unserer Etage zieht eine Frau ein – ob jung oder älter, das wird man ja sehen – und ihr ist ein gutes Miteinander wichtig. Sonst hätte sie vermutlich diesen Zettel nicht geschrieben. Es ist übrigens der erste dieser Art bei mindestens dreißig Wohnungswechseln bisher – schon mal nicht das schlechteste Zeichen!

Der Donnerstag vergeht ohne große Lärmbelästigung und auch der Aufzug ist verfügbar, wenn wir ihn brauchen.

Am späten Freitagnachmittag klingelt es dann an unserer Wohnungstür. Als ich öffne, steht eine junge Frau in Jeans und hellblauem Longshirt davor, groß, schlank, das lange blonde Haar im Nacken zum Pferdeschwanz zusammengebunden. In der Hand hält sie eine kleine, knallrot leuchtende Pflanze, ein „Flammendes Käthchen", gleich mit passendem Übertopf aus weißer Keramik mit kleinen roten Punkten.

„Guten Abend, ich wollte mich vorstellen. Ich bin Leonie Lindner, die neue Mieterin vorn in der Eckwohnung. Und das hier ist ein kleines Dankeschön für Ihr Verständnis für das unangenehme Drum und Dran beim Einzug." Damit drückt sie mir den hübschen kleinen Blumentopf in die Hand. Was für eine nette Geste!

Das ist mir noch nie passiert – den anderen Mitbewohnern unserer Etage ebenfalls nicht, wie ich später erfahre – und ich bin einen Augenblick sprachlos, was höchst selten vorkommt. Dann heiße ich sie herzlich willkommen und gemeinsam freuen wir uns auf eine gute Nachbarschaft.

Die wird es tatsächlich, wie sich einige Zeit später herausstellt, denn auch mit Leonie gibt es Briefkastenschlüsseldienst, Aushilfe bei fehlendem Zucker oder zu wenig Eiern zum Backen, Blumenpflege während des Urlaubs und so weiter.

Was haben wir doch für ein Glück gehabt!

Gartenfreuden

Als wir vor einigen Jahren den Kleingarten unserer Eltern übernahmen – wie es dazu kam, erzähle ich in der Geschichte „Ich doch nicht!" –, wurde jeder Einsatz dort richtig gründlich geplant. Das war seinerzeit auch in Ordnung so, denn wir wollten schließlich einige Dinge umgestalten: eine kleine Rasenfläche in ein Staudenbeet verwandeln, zwei oder drei hübsche Strauchrosen und zwei Säulenapfelbäumchen pflanzen und noch so manches andere verändern.

Doch der beste Plan nützt meist wenig, wenn die Natur nicht mitspielt – zum Beispiel wenn eigentlich laut Terminkalender die etwa dreißig Meter lange Außenhecke geschnitten werden soll, aber draußen regnet es in Strömen. Oder wenn ich mir vorgenommen habe, das Gemüsebeet gründlich zu jäten, aber der Gewittersturm in der Nacht zuvor zahlreiche Stauden zu Boden gedrückt, Blütenstängel geknickt und Äste von den Sträuchern gerissen hat. Da wird nun nicht gejätet, sondern auf- und angebunden, gestützt und beschnitten.

Daher plane ich inzwischen die meisten Aktivitäten nur noch grob und sehr minimal.

Ich lasse mich lieber von den Gegebenheiten überraschen, erledige, was eben angefallen ist, und genieße dafür oft ganz spontan, was mir unser kleines Fleckchen Erde bereitwillig schenkt – zum Beispiel jene warme Nachmittagsstunde Anfang Mai, als ich im alten Holzliegestuhl unter dem blühenden Apfelbaum sitze und vor lauter Staunen nicht zum Lesen komme.

Ich beobachte, wie unzählige Bienen und einige Hummeln emsig von Blüte zu Blüte eilen und lächle über den Eifer einer kleinen Blaumeise, die unermüdlich mit Futter im Schnabel den Nistkasten am Pflaumenbaum anfliegt. Offenbar ist ihr Partner dort bereits am Brüten. Der leichte Wind lässt zartrosa Blütenblätter auf mich regnen und es duftet herrlich nach Sonne, Süße und Frühling.

Weitere Freuden in unserem Garten sind der frisch gebackene Kuchen vom selbst geernteten Rhabarber oder das Jubeln der kleinen Enkeltochter, wenn sie im Erdbeerbeet eine kleine rote Frucht nach der anderen entdeckt.

Wir sind glücklich über die vielen Gläser Marmelade aus den süßen Himbeeren oder den herb-aromatischen schwarzen Johannisbeeren – herrlich zum Verschenken und Selberessen. Da denkt man an trüben kalten Wintertagen gleich an warme Sonnenstunden. (Wieso hat mir eigentlich nie jemand gesagt, wie einfach es ist und wie viel Spaß es macht, Marmelade zu kochen?)

Und auch mit netten Begegnungen wird man im Garten gelegentlich erfreut.

So bleibt einmal eine ältere Dame am Gartentor stehen und sieht mir eine Weile zu, wie ich die verwelkten Blüten in den Blumenbeeten abschneide. Schließlich spricht sie mich an:

„Solch ein Garten ist schön, nicht wahr? Aber er kostet auch viel Arbeit und Mühe, und das meiste davon sieht keiner. Die Leute schauen nur neidisch auf die herrlichen Blumen und das knackige Gemüse."

Ich wende mich ihr zu: „Das klingt, als ob Sie auch einen Garten haben?"

„Leider nicht mehr, nein. Früher hatten wir einen, aber dann starb mein Mann. Da habe ich Garten und Wohnung aufgegeben und bin hierher in die Nähe unserer Kinder gezogen."

Ich höre die Traurigkeit in ihrer Stimme und sehe, wie sehnsüchtig sie auf meine Beete schaut.

„Aber ich will Sie nicht aufhalten", redet sie weiter, „ich weiß ja, wie viel Zeit das alles braucht. Ich schaue Ihnen einfach noch ein bisschen zu, wenn ich darf."

Ich nicke lächelnd und schneide weitere Blumen ab – aber nun möglichst unauffällig keine verwelkten Blüten mehr, sondern einen großen bunten Sommerstrauß. Damit gehe ich ans Gartentor und reiche ihn der alten Dame: „Bitte schön, der Strauß ist für Sie, damit Sie zu Hause noch eine Erinnerung an Ihren Spaziergang haben."

Die Frau schaut mich ungläubig an und wehrt zunächst ab: „Nein, das geht doch nicht! Den sollten Sie lieber selbst behalten, den kann ich doch nicht einfach nehmen." Ihr Blick allerdings spricht eine ganz andere Sprache.

„Natürlich können Sie das! Schauen Sie, ich habe noch so viele Blumen, ich schneide mir einfach neue ab", lächle ich deshalb nur und halte ihr den Strauß erneut hin.

Diesmal greift sie zu und bedankt sich mehrmals. Ihre Augen strahlen und als ich ihr noch nachschaue, bemerke ich, wie sie die Blumen behutsam und zart an sich drückt.

Für solche Augenblicke lohnt es sich, ab und zu eine halbe Stunde Unkraut zu jäten.

Also – eine „Wundertüte" ist ein Garten sicher nicht, sehr wohl aber eine „Tüte voller Wunder", die mich und andere immer wieder dankbar und glücklich macht.

Sauer macht glücklich

Manche Menschen haben ungewöhnliche Vorlieben. Gerade erleben wir ein solches Beispiel hautnah: Auf dem Rückweg von einer langen Wanderung kehren wir am späten Nachmittag in einem gemütlichen Landgasthof ein. Bei dem herrlichen warmen Sommerwetter ist das Gartenlokal gut besucht und beinahe alle Tische sind voll besetzt. Wir finden nach kurzem Suchen aber doch noch zwei Plätze. Es dauert gar nicht lange, da fragt uns die flinke junge Bedienung nach unseren Wünschen. Wir bestellen Getränke und für jeden eine Kleinigkeit zu essen.

Das Radler und der gespritzte Holundersaft kommen ziemlich schnell. „Der Imbiss dauert ein paar Minuten", meint die freundliche Kellnerin entschuldigend. „In der Küche ist gerade viel los. Wir beeilen uns aber, versprochen!"

Kein Problem – wir sind nicht am Verhungern und langweilig wird uns auch nicht. Denn direkt vor uns wird uns ein kleines, ungewöhnliches Schauspiel geboten.

Am Tisch gegenüber sitzt eine bunt gemischte Großfamilie: Oma, Opa, Mama, Papa und drei muntere Kinder im Kleinkind-, Vor- und Grundschulalter. Die Eltern sind noch nicht mit dem Essen fertig. Inzwischen machen die Großeltern mit dem Nachwuchs kleine Rätselspiele und alle haben unübersehbar viel Spaß miteinander. Mit halbem Ohr bekommen wir mit, dass der gemütlich wirkende Opa beginnt, harmlose Kinderwitze zu erzählen. Die beiden größeren Mädchen kringeln sich vor Lachen.

Dem schätzungsweise einjährigen Buben im Kinderstühlchen ist das verständlicherweise zu öde. Er wird unruhig und quengelig.

Offenbar hat man im Familienverbund damit Erfahrung – und auch schon eine Lösung parat.

Vom Teller der Mama bekommt er ein Stückchen frische Zitrone in sein kleines Händchen gedrückt. Er strahlt, zappelt vergnügt mit seinen nackten Füßchen und beginnt selig zu lutschen. Es dauert nicht lange, bis nur noch die äußere Schale übrig ist. Eine Weile sitzt der Bursche still, dann geht das Quengeln von vorn los.

„Will der Bub etwa noch mehr haben von dem sauren Zeug?" Verblüfft schaue ich meinen Ehemann an, aber der ist genauso perplex und zuckt nur mit den Schultern.

Rundumblick am Familientisch gegenüber – alle Teller sind inzwischen leer gegessen, auch keine Zitronenscheiben liegen mehr darauf.

Erneut tritt der gutmütige Großvater in Aktion. Er schiebt seinen Stuhl zurück und geht forschen Schrittes ins Gasthaus hinein. Zurück kommt er mit einem kleinen Tellerchen in der Hand. Und was liegt drauf? Zwei frische Zitronen-Achtel! Eins bleibt in Reserve, das andere reicht der Opa seinem jüngsten Enkel hin.

Entzückt stürzt sich der Bursche auf das saure Stück Vitamine, beginnt sofort daran zu lutschen und ist wieder restlos froh und zufrieden.

Wir beobachten das Ganze höchst interessiert und amüsieren uns köstlich.

Sauer macht also nicht nur lustig, sondern auch glücklich – man lernt doch nie aus!

Buntes Haar

Mit einem ziemlich vollgepackten Einkaufswagen stehe ich gegen Mittag an der Kasse in unserem nächstgelegenen Supermarkt. Hinter mir unterhalten sich zwei Teenies, vierzehn oder fünfzehn Jahre alt. Sie haben nicht viel zu bezahlen, eine große Flasche Orangensaft, eine Tüte Chips und ein paar Schokoriegel. Ich vermute, sie besuchen das Gymnasium um die Ecke, haben gerade Pause und besorgen sich ihr „Mittagessen". Da will ich sie mal vorlassen, sonst ist die Pause um, bis sie wieder in der Schule ankommen.

Sie sind ein wenig überrascht, nehmen mein Angebot aber gern an. Während ich in der Zwischenzeit meine reichlichen Einkäufe aufs Band lege, mustere ich die beiden Mädchen etwas genauer – und schüttle innerlich den Kopf. Eine der beiden hat ihr stoppelkurzes Haar hellblau und lila gefärbt, die andere trägt schulterlange zottlige Strähnen in Grün mit pinkfarbenen Sprenkeln. Die schwarzen T-Shirts sind bauchfrei, die ausgebleichten Jeans haben an den unmöglichsten Stellen Schlitze. Klar, das ist gerade „in" bei jungen Leuten, aber dennoch – ich bin mir nicht sicher, was ich von diesen Mädchen halten soll.

Jetzt haben sie bezahlt. Bevor sie von der Kasse wegtreten, drehen sich die beiden noch einmal zu mir um.

„Danke, dass Sie uns vorgelassen haben", sagt die Grün-Pinke freundlich und die Lila-Hellblaue ergänzt: „Das war echt nett von Ihnen!"

„Aber gerne", kriege ich in meiner Überraschung grade noch heraus und erinnere mich an etwas, das ich anscheinend immer wieder vergesse: Nicht Äußerlichkeiten machen einen Menschen aus! Das haben mir die beiden gerade noch einmal bewiesen und meine Freude darüber ist groß.

Bilderbuch-Oma

Nasskalte Februartage sind wie gemacht für eine saftige Erkältungsgrippe – wer wollte das bezweifeln? Auch mich hat es erwischt. Mit Fieber, Hals- und Gliederschmerzen, Husten und Schnupfen bin ich seit Tagen arbeitsunfähig und kuriere mich zu Hause aus. Inzwischen geht es mir schon wesentlich besser. Für heute hat mich meine Ärztin noch einmal zur Kontrolle bestellt und nun sitze ich in ihrem Wartezimmer. Der vorgegebene Termin nützt mir wenig bis nichts, ich muss leider trotzdem lange warten.

Das Wartezimmer ist voll und jeder Platz besetzt. Die freundliche Arzthelferin am Empfang hat vorausschauend sogar schon ein paar zusätzliche Stühle neben ihrem Tresen aufgestellt. Es kann also ein Weilchen dauern …

Nicht weit von mir entfernt sitzt eine offensichtlich stark erkältete junge Mutter mit ihrer etwa dreijährigen Tochter. Die niedliche Kleine schaut die mitgebrachten Bilderbücher an, schon zum wiederholten Male. Sie bemüht sich nach besten Kräften, leise zu sein. Doch über die Dauer von mehr als dreißig, vierzig Minuten ist das ganz sicher zu viel verlangt. Bald werden die Mutter, die vor Heiserkeit kaum sprechen kann, und die umsitzenden Patienten mit Fragen belegt.

Ich beobachte eine ältere Frau, die mir gegenübersitzt. Sie zieht schon lange ein böses Gesicht und schaut mit verkniffenem Mund zu dem munteren Mädchen hin. Es ist nur noch eine Frage der Zeit, bis sie schimpfen und sich beschweren wird. Noch beherrscht sie sich mühsam.

Da geht die Kleine ausgerechnet zu dieser gereizten, grantigen Frau hin, lächelt sie lieb und harmlos an und streichelt ganz zart mit ihrer rundlichen Kinderhand den faltigen Handrücken der alten Dame.

Unbewusst halte ich den Atem an. *Auweia, jetzt explodiert sie gleich*, denke ich – und irre mich gewaltig. Das Gegenteil geschieht! Alle Gereiztheit und Bitterkeit verschwinden aus dem Gesicht der Frau. Der eben noch so böse verzogene Mund lächelt dem Mädchen zu und fragt sogar freundlich: „Na, Kleine, wie heißt du denn?"

„Lena – und du?"

„Na, das ist ja ein Zufall! Ich heiße fast genauso – ich bin Helene." Jetzt haben die beiden endgültig Freundschaft geschlossen. „Liest du mir ein Bilderbuch vor, Oma Helene?"

Gefragt – getan.

Nur wenige Augenblicke später sitzt die Kleine auf dem Schoß der zur Oma erkorenen Frau, kuschelt sich an ihre Brust und lässt sich die Geschichte vom hässlichen jungen Entlein vorlesen. Es ist nicht zu übersehen, wie sehr beide die Situation genießen.

Und ich bin immer noch fassungslos und total verblüfft. Kann es denn wirklich so etwas geben? Offenbar doch, ich habe es ja gerade eben selbst miterlebt!

Nur eine winzige liebevolle Geste – aber welches Wunder hat sie vollbracht.

Beziehungsweise glücklich

Überraschung

An einem Nachmittag Ende November erhalten wir ein ganz besonderes Paket. Schon beim ersten Blick in den Karton weiß ich, wer uns da so lieb bedacht hat …

Jedes Jahr im August macht ein Ehepaar aus dem Schwarzwald zur gleichen Zeit wie wir Urlaub in unserer Pension in Buchboden. Hin und wieder verbringen wir einen gemeinsamen Plauderabend. In diesem Sommer hatten sie leckere Salzstangen aus ihrer Heimat dabei – ganz besonders dünn und knusprig. Wir vereinbarten, dass sie uns im nächsten Jahr ein paar Packungen davon mitbrächten, gegen Bezahlung natürlich.

Und nun liegen vor uns zwei Päckchen Salzstangen, zwei runde Dosen mit einer Mischung aus Stangen und Brezeln und als Bonus ein großes Glas Honig von einem Schwarzwälder Imker. Obenauf finden wir eine hübsche Karte: „Damit ihr nicht bis zum August warten müsst! Lasst es euch schmecken! Gesegnete Adventszeit und liebe Grüße von Rosel und Franz".

Liebesbotin

Für einen ganzen wundervollen Junitag haben wir unsere dreijährige Enkelin bei uns. Klar, dass wir den bei dem sonnigen warmen Wetter im Garten verbringen. Mittagsschlaf in der Laube gehört natürlich auch dazu. Mein Mann stellt dafür eine der beiden Gartenliegen hinein und legt ein frisches weißes Laken darüber. Dann schließen wir noch die Lamellen-Fensterläden, damit es einigermaßen kühl und dunkel bleibt, die Fenster selbst lassen wir aber weit geöffnet. Es dauert nur wenige Augenblicke, dann sind unserem kleinen Mädchen bereits die Augen zugefallen. Den Kuschelteddy trotz Hitze eng an sich gedrückt, schläft sie tief und fest – und lange. Nach fast zwei Stunden öffne ich leise die Fensterläden und schleiche mich behutsam in die Laube.

Die Kleine blinzelt, räkelt, streckt und dehnt sich. Es ist ein zauberhafter Anblick – die runden Wangen mit den niedlichen Grübchen von Hitze und Schlaf gerötet, das braune Haar komplett verschwitzt und verstrubbelt, aber die dunklen Augen strahlen schon wieder recht unternehmungslustig. „Hallo Omi", flüstert sie, lächelt mich an und winkt mit zwei Fingern der rechten Hand. Da muss ich sie einfach in die Arme nehmen. Ganz fest drücke ich sie an mich, wuschele durch den zerzausten Haarschopf und flüstere ihr ins Ohr: „Ich hab dich ganz toll lieb, mein kleiner Schatz!"

Die Antwort kommt prompt: „Ich hab dich auch lieb, Omi, und den Opi auch."

„Dann musst du das dem Opa auch mal sagen."

Kaum habe ich ausgesprochen, flitzt der kleine Wirbelwind aus der Tür, saust im kurzen Hemdchen und barfuß auf strammen braunen Beinchen um die Laube herum, bis sie den Opa im hinteren Gartenbereich entdeckt. Einen Sekundenbruchteil bleibt sie stehen und ruft dann, so laut sie kann: „Hab dich lieb, Opi!" Flugs dreht sie sich wieder um und kommt zurückgerast. „Ich hab's ihm gesagt, Oma", berichtet sie mir mit ernsthafter Miene.

Danach schnappt sie sich mit größter Selbstverständlichkeit das blaue Tellerchen mit den Möhrensticks, das für sie bereitsteht, nimmt mit der anderen Hand ein Schälchen Himbeeren vom Tisch und verschwindet mit beidem seelenruhig in den Schatten der Bäume. Dort sitzt sie stillvergnügt mitten im Gras und genießt ihre Vespermahlzeit – völlig entspannt, mit sich und der Welt im Reinen.

Was für eine Kostbarkeit, was für ein unbeschreibliches Glück mir an diesem Tag geschenkt wurde! Schnell speichere ich alles auf der Festplatte meiner Seele – jederzeit zum Abrufen bereit.

Vorlesezeit

Unsere beiden Enkelinnen sind richtige Bücherwürmer! Ohne Gutenachtgeschichte geht gar nichts und auch tagsüber erbetteln sie sich immer mal wieder eine Vorlesestunde. Selbstredend hat jede in unserem großen Bücherregal ein eigenes Fach, in dem die Lieblingsbücher aufgereiht stehen – in jeweils gut erreichbarer Höhe natürlich.

Frida, die ältere der beiden, geht zwar inzwischen schon zur Schule, aber eine Abendgeschichte lässt sie sich immer noch gern vorlesen, schon wegen des gemütlichen Kuschelns, das ohne Frage dazugehört. Bei ihr stehen zurzeit Pferdebücher, Tiergeschichten aller Art und Wissenswertes über die Natur und fremde Länder hoch im Kurs.

Flora ist drei Jahre jünger und kann es kaum erwarten, endlich auch selbst lesen zu können. Aber das dauert noch ein Weilchen, sie ist kürzlich erst fünf Jahre alt geworden. Die Kleine bevorzugt gerade allerlei Bilderbuchgeschichten, Grimms Märchen und die große bunte Kinderbibel – in der blättert sie mit besonderer Begeisterung herum. Der Renner sind aber momentan drei Bilderbücher um den übermütigen Bären Benjamin und seine Freunde, die dem abenteuerlustigen Bärenjungen liebevoll erklären, wie wichtig manchmal kleine Worte sind – zum Beispiel „Bitte", „Danke" oder „Entschuldigung". Bei jedem Besuch zieht Flora nach kurzer Zeit genau diese Titel aus dem Regal und möchte sie vorgelesen bekommen. *So langsam müsste sie die Geschichten auswendig kennen,* denk ich mir manchmal …

Gerade ist sie wieder einmal für ein paar Tage bei uns – und an jedem Abend sind die drei Bücher um Benjamin Bär die Abendlektüre. Es sind niedliche, hübsch illustrierte und pädagogisch sehr wertvolle Geschichten, aber ich kann sie inzwischen fast nicht mehr hören.

Heute nun ist der vierte und letzte Abend ihres Urlaubs bei Opa und Oma und schon strebt die Kleine im Nachthemd zielgerichtet zu ihrem Fach im Bücherregal.

Ich versuche trotzdem mein Glück: „Was hältst du davon, wenn wir heute mal eine der Geschichten vom kleinen Igel lesen? Vielleicht die mit der roten Schmusedecke?", schlage ich vor. Die Frage hätte ich mir sparen können. Flora erwidert kein Wort, wirft mir nur einen leicht genervten Blick zu – und zieht die Benjamin-Bücher heraus. Ich füge mich in mein Schicksal und es beginnt das übliche Ritual.

„Erst schön gemütlich machen, Omi!" Na klar, das muss unbedingt sein. Wir rutschen ans Kopfende des Bettes, lehnen uns an das hochgeschlagene Kopfkissen und kuscheln uns warm in die Bettdecke ein. Dann schmiegt sich Flora dicht an mich, und zwar so, dass sie dabei noch bequem die entsprechenden Bilder zum Text ansehen kann.

Nun will ich das erste Buch aufschlagen, aber die Kleine nimmt es mir einfach aus der Hand. „Weißt du, Omi, heute machen wir es mal anders – heute lese ich dir mal vor."

Ich verkneife mir die Bemerkung, dass sie doch noch gar nicht lesen kann, und warte gespannt, was nun kommt.

Es zeigt sich, dass Flora die Geschichten tatsächlich inzwischen auswendig kennt. Sie „liest" mir alle drei Bärenbücher fast wortgenau und mit passender Betonung vor und blättert an den richtigen Stellen die Seiten um. Ich bin gleichzeitig belustigt, begeistert und beeindruckt.

So komme ich nun ganz unverhofft auch mal zu einer Gutenachtgeschichte und es ist ein wunderbares, bezauberndes Erlebnis, wenn sie von der eigenen kleinen Enkeltochter „vorgelesen" wird. Ich werde nie wieder sagen, dass ich die Erlebnisse von Benjamin Bär und seinen Freunden nicht mehr hören kann!

Der Zahn ist gezogen

Vor längerer Zeit entschlüpfte einem flüchtigen Bekannten während einer Unterhaltung der merkwürdige Satz: „Ach, ich gehe eigentlich ganz gern zum Zahnarzt." Wie bitte? Da musste ich etwas nicht richtig mitbekommen haben. Ich fragte noch zweimal nach, aber ich hatte mich nicht verhört – er meinte es wirklich ernst. Unfassbar!

Obwohl, der Zahnarzt, bei dem ich seit etlichen Jahren in Behandlung bin, hat mir schon die ärgsten Ängste und Schrecken genommen. Er ist nicht nur nett, geduldig und einfühlsam – von Freunden erfuhr ich, dass er Christ ist. Das gibt mir noch ein Stückchen mehr Gelassenheit und Vertrauen, wenn ich wieder einen Termin bei ihm habe. Der gemeinsame Glaube schenkt eine besondere Nähe und Verbundenheit.

Seit Kurzem geht ihm eine tüchtige Assistentin zur Hand, eine zierliche Frau mittleren Alters mit strahlend blaugrauen Augen und langen blonden Locken, die weich ihr freundliches Gesicht umrahmen. So sanft und lieb wie ihr Äußeres ist auch ihr Wesen. Ich schließe sie sofort ins Herz.

Irgendwann stelle ich mir die Frage, welche Wirkung sie wohl auf den wenig älteren Arzt hat. Tag für Tag arbeiten sie Seite an Seite über Stunden zusammen. Eine bezaubernde, warmherzige Frau und ein liebenswerter Mann – ob das nicht manchmal eine große Versuchung sein kann? Die Eheringe an ihren Händen verraten, dass beide jeweils verheiratet sind. Ich weiß aus eigener Erfahrung, wie schnell man auch als Christ versucht und schuldig werden kann. Weil ich diese zwei Menschen irgendwie mag, schließe ich fortan meinen Zahnarzt und seine Assistentin hin und wieder in meine Gebete ein und bitte Gott, sie zu behüten und vor Schuld zu bewahren.

Zwei, drei Jahre später sind mein Mann und ich zur Konfirmation eines Patenkindes eingeladen. Die kleine alte Kirche der ländlich geprägten Vorstadtgemeinde ist zu diesem Anlass natürlich ausgesprochen gut besucht. In weiser Voraussicht und langjähriger Erfahrung hat man jedoch die meisten Bänke im Kirchenschiff frei gehalten für die Familien und Freunde der Konfirmanden. So finden wir problemlos zwei Plätze.

Da fällt mir ein, dass ja auch mein Zahnarzt zu eben dieser Gemeinde gehören soll.

Unwillkürlich schaue ich mich neugierig um. Tatsächlich, oben auf der von der Sonne beschienenen Empore sitzt er – und dicht neben ihm seine sanfte, schöne Assistentin!

Ich erstarre innerlich. Die liebevoll geschmückte Kirche, der lachende Sonnenschein draußen, der beginnende Festgottesdienst – alles ist mir mit einem Schlag unwichtig und egal geworden. Mit Gewalt muss ich mich zwingen, dem Verlauf der Feier einigermaßen aufmerksam und andächtig zu folgen. Es gelingt mir kaum, mein Herz ist schwer, traurig und enttäuscht.

Als ich nach dem Ende des Gottesdienstes mit meinem Mann ins Freie trete, stehen wir auf dem Vorplatz der Kirche den beiden plötzlich direkt gegenüber. Meine Gedanken rasen, was mache ich jetzt? Ich kann unmöglich so tun, als sehe ich sie nicht. Deprimiert mache ich gute Miene zum bösen Spiel, begrüße sie, so freundlich es mir gerade noch möglich ist, und stelle meinen Ehemann vor.

Händeschütteln allerseits und dann die lachende Entgegnung meines Zahnarztes: „Na, meine Frau brauche ich Ihnen ja nicht vorzustellen, die kennen Sie schließlich seit Jahren."

Ich spüre, wie meine Gesichtszüge entgleisen …

„Ihre … Ihre … Frau?", bringe ich stammelnd und mehr als dümmlich gerade so heraus. Er schaut mich leicht irritiert an: „Ja, Kerstin ist meine Frau, schon seit mehr als zwanzig Jahren. Wussten Sie das gar nicht?"

Nein, wusste ich nicht! Dabei hätte mir das so viel Kummer erspart!

Das Geräusch des riesigen Steines, der von meinem Herzen donnert, hören sie nicht, aber dafür mein übersprudelndes, befreites Lachen. Es perlt einfach aus mir heraus, ich kann es nicht stoppen. Meine Freude, mein Dank brauchen ein Ventil – und zwar ein großes!

Nun ernte ich erst recht merkwürdige Blicke. Es hilft wohl alles nichts, ich muss heraus mit der Sprache, auch wenn mir das doch arg peinlich ist. Ich erzähle mutig von meinen Befürchtungen und Sorgen und gestehe die gelegentlichen Gebete um Bewahrung.

Zum Schluss lachen wir alle zusammen herzlich und beide schließen mich offensichtlich berührt in die Arme.

Seitdem haben meine Besuche beim Zahnarzt eher den Charakter eines Treffens mit lieben Freunden. Wer hätte gedacht, dass meine kleinen, zaghaften Gebete so wunderbar beantwortet werden würden?

Tee mit Langzeitwirkung

Eine gute Tasse Tee ist nicht nur ein Genuss für Nase und Gaumen, sondern oft auch recht hilfreich. Kamillentee desinfiziert, Salbei heilt Entzündungen, Fenchel beruhigt und wirkt schleimlösend, Schafgarbentee lässt Bauchschmerzen verschwinden und Hibiskus kann den Blutdruck und den Cholesterinspiegel senken.

Ich persönlich mag allerdings Hagebuttentee am liebsten. Nicht nur weil er vor Erkältungen schützt und das Immunsystem stärkt – er hat auch eine unwahrscheinlich hohe und großartige Langzeitwirkung.

Das glauben Sie nicht? Ich kann es beweisen – mit einer Geschichte, die an einem Herbstsamstag vor mehr als fünfzig Jahren ihren Anfang nimmt …

Seit Anfang September besuche ich die achte Klasse und darf nun endlich im Chor unserer Kirchgemeinde mitsingen. Schon lange habe ich mich darauf gefreut.

Heute, an einem Samstagnachmittag im späten Oktober, treffen wir uns alle im Gemeindesaal. Nein, wir haben weder Probe noch Auftritt, sondern erwarten Besuch – und für den treffen wir Vorbereitungen. Ein Chor aus dem Erzgebirge wird am Abend in unserer Kirche einen Liederabend veranstalten. Nun ist das aber nicht irgendein Sängerkreis, sondern er kommt aus einer Gegend, die für ihre außergewöhnliche Musikalität und besonders klare, reine Stimmen bekannt ist.

Ich bin total aufgeregt – echten Künstlern werde ich begegnen, von Angesicht zu Angesicht!

Zunächst gilt es aber, für die Verpflegung der Gäste zu sorgen. Ein Teil der Mädchen und Frauen belegt Weißbrotscheiben mit Schnittkäse, Tatar, kaltem Braten und verschiedener Wurst. Ich schneide Tomaten in Achtel und grüne Gurken in Scheiben. Andere waschen Äpfel, Pflaumen und Weintrauben und alles wird liebevoll und nett auf großen Platten angerichtet. Ein paar von uns bringen in riesigen Töpfen Wasser zum Kochen und bereiten Hagebuttentee zu.

Unterdessen tragen die Männer stapelweise Teller, Tabletts voller Tassen, einige Zuckerdosen und etliche Körbchen mit Gabeln und kleinen Löffeln in den Kirchenraum. Dort soll nachher gemeinsam gegessen werden, denn der Gemeinderaum ist für so viele Leute zu klein.

Am späten Nachmittag treffen die Gäste ein. Es gibt lautstarke, fröhliche Begrüßungen, Lachen und Umarmungen. Offenbar kennen sich manche bereits.

Ich begreife nicht, wie man so locker und normal sein kann. Wir begegnen hier schließlich überragenden Sängern, grandiosen Künstlern, Genies, hochbegabten Menschen! Die sind für mich nicht wie unsereiner, sondern beinahe so etwas wie Halbgötter – erhaben, unerreichbar, fast anbetungswürdig. Voller Respekt, Ehrfurcht und Scheu wage ich kaum, mich ihnen zu nähern.

Das muss ich aber dann doch, denn als sich unter munterem Erzählen und lautstarkem Palavern alle in den Kirchenbänken verteilt haben, ist der Imbiss dran und es werden die Platten mit belegten Broten, Obst und Gemüse herumgereicht. Jemand drückt mir eine Kanne Tee in die Hand. Pflichtbewusst zittere ich mich mit weichen Knien zu einer der hinteren Bänke. Dort sitzt auf dem ersten Platz direkt neben dem Gang ein Mädchen etwa in meinem Alter – es hat den rechten Arm in Gips und mit einem schwarzen Dreiecktuch hochgebunden. Muss sie heute mit einem gebrochenen Arm auftreten und singen? Sofort bin ich von Mitleid erfüllt. Aber sie lächelt mich freundlich an, als sie mir mit der gesunden linken Hand ihre Tasse entgegenhält.

Offenbar sind Mitleid, Ehrfurcht, Pflichtbewusstsein und Unsicherheit keine gute Mischung. Nicht nur meine Knie zittern, sondern auch meine Hände – und so kommt es, wie es kommen muss: Der erste Schwall des Hagebuttentees landet nicht in der Tasse, sondern auf dem schmalen schwarz-weißen Pepitarock der jungen Sängerin. Wie peinlich!

Ich erstarre zur Salzsäule und möchte am liebsten im Erdboden versinken. Wie kann man nur so ungeschickt sein, ausgerechnet diesen berühmten Leuten gegenüber?

Doch was macht die junge Sängerin? Sie steht einfach auf, lacht und sagt: „Das ist doch nicht schlimm, hätte mir auch passieren können. Zeigst du mir, wo ein Waschbecken ist? Ich wasche den Rock ein bisschen aus. Das trocknet bis heute Abend und dann ist alles wieder in Ordnung."

Schnell stelle ich die Teekanne auf dem nächstbesten freien Fleck ab und gemeinsam flitzen wir zum Waschraum. Bald ist der zum Glück nicht allzu große Fleck notdürftig ausgewaschen und mit einem flauschigen Frottierhandtuch leidlich trocken getupft.

Mit einem Mal sind wir mitten im Plaudern und Erzählen und merken, wie gut wir uns verstehen.

Von diesem Augenblick an ist das Mädchen nicht mehr

die fremde, vergötterte, hochbegabte Chorsängerin aus dem Erzgebirge, sondern meine Freundin Gisela – die allerbeste Freundin seit inzwischen mehr als fünfzig Jahren.

Mittlerweile gehören Männer, Kinder und Enkel dazu, Erinnerungen an unzählige gemeinsame Erlebnisse, an manche geteilte Traurigkeit und jede Menge fröhliche Feste – mit und ohne besonderen Anlass. Zu jeder Tages- und Nachtzeit könnte ich bei Gisela klingeln und sie wäre für mich da, umgekehrt gilt das Gleiche.

Also – glauben Sie mir jetzt, dass Hagebuttentee eine phänomenale Langzeitwirkung hat?

Bunte Bänder

Ich habe heute einiges in der Innenstadt zu tun – meine Uhr braucht ein neues Armband, in der Bibliothek sind einige ausgelesene Bücher abzugeben und beim ADAC muss ich die Maut-Plakette für den Österreich-Urlaub besorgen.

Schon bald ist alles erledigt und weil so schönes Sommerwetter ist, möchte ich mir noch einen leckeren Cappuccino in einem kleinen Café vor dem Rathaus gönnen.

Beim Durchqueren des Obst- und Gemüsemarktes höre ich auf einmal eine bekannte Stimme. Ist das nicht Tanja? Ich schaue mich um, wo die Stimme herkommt: Tatsächlich, sie ist es!

Das kastanienbraune lange Haar zum lockeren Pferdeschwanz gebunden, steht sie im schmalen weißen Rock mit leichtem schwarzem Blusentop unweit von mir an einem Obststand und scherzt mit dem älteren Händler. Sie trägt rote Absatzsandalen, rote runde Holzperlenohrringe, eine rote Kette und über der Schulter einen großen roten Shopper. Diese Farbe mochte sie schon immer und keine andere passt so perfekt zu ihrem Typ.

Ich kenne Tanja aus unserer Kirchgemeinde. Bevor sie vor ungefähr fünf Jahren mit ihrer Familie in einen anderen Teil der Stadt zog, besuchten wir gemeinsam den Gesprächskreis und unsere beiden Familien gehörten zur Gemeinde-Wandergruppe. Obwohl sie etliche Jahre jünger ist als ich, hatten wir immer einen guten Draht zueinander und haben uns von der ersten Begegnung an prächtig verstanden. Seit ihrem Umzug haben wir uns allerdings nicht mehr gesehen und nur gelegentlich losen Kontakt über WhatsApp gehalten. Und jetzt steht sie plötzlich ganz überraschend vor mir – wie schön!

Ich warte, bis sie bezahlt und ihr kleines Körbchen Süßkirschen in der Riesentasche verstaut hat, dann rufe ich ihren Namen.

Sie quietscht kurz auf, als sie mich sieht, und fällt mir mitten auf dem Marktplatz um den Hals: „Inge! Wie herrlich! Endlich treff ich dich mal wieder!"

Das ist typisch Tanja – spontan, offen, unkompliziert. Sie hat sich kein bisschen verändert.

„Ja, ich freu mich auch riesig! Du, ich wollte eben drüben im Rathauscafé einen Cappuccino trinken gehen. Hast du vielleicht gerade etwas Zeit und Lust mitzukommen? Wäre super, dann können wir ein bissel quasseln."

Sie schaut auf ihre Uhr: „Ich habe zwar einen Termin beim HNO-Arzt, aber erst in vierzig Minuten und außerdem gleich um die Ecke. Für einen Cappuccino mit dir reicht es allemal, diese Chance lasse ich mir doch nicht entgehen!"

Schon bald sitzen wir mit unseren italienischen Köstlichkeiten in der Sonne und plaudern über alles Mögliche.

Unvermittelt fragt sie: „Sag mal, schreibst du eigentlich noch Geschichten?"

Ich nicke: „Ja, mach ich, ich kann es irgendwie nicht lassen."

„Und worüber schreibst du so?"

Bei Tanja muss ich nicht ausgefeilt formulieren und so antworte ich einfach: „Am liebsten darüber, wie Gott uns seine Liebe zeigt."

„Also über Weihnachten und Ostern", kombiniert sie messerscharf. In diesem Fall trifft sie allerdings nicht ganz den Kern. „Ja, das auch. Aber ich denke eher an die Zeiten dazwischen."

„Die Zeiten dazwischen?" Sie schabt mit dem langen Löffel den letzten Rest Milchschaum aus ihrer hohen Cappuccino-Tasse, leckt ihn ab und lehnt sich erwartungsvoll zurück. „Das musst du mir jetzt ein bisschen erklären."

Ich überlege kurz. „Erinnerst du dich an die Geschichte mit den bunten Bändern im Baum? Jemand hat sie vor Jahren mal im Gesprächskreis vorgelesen."

Tanja denkt nach und schüttelt dann den Kopf: „Nee, da klingelt bei mir gar nichts." Dann ein kurzes Aufblitzen in den Augen: „Doch, warte, jetzt fällt es mir langsam wieder ein. Ging es da nicht um einen jungen Mann, der viele Jahre im Knast eine Strafe absaß und nun entlassen werden sollte?"

„Genau, und weil er nicht wusste, ob er zu Hause noch willkommen war, fasste er einen Entschluss. Er schrieb seinen Eltern in einem Brief, wann und mit welchem Zug er ankommen würde. Die Bahnstrecke führte kurz vor dem Bahnhof am Haus der Eltern vorbei und der junge Mann bat sie, an diesem Tag deutlich sichtbar ein buntes Band in den großen Baum im Garten zu hängen, der am dichtesten an den Gleisen steht. Wenn er das Band sähe, wäre alles gut. Hinge keins dort, dann würde er nicht aussteigen, sondern irgendwohin weiterfahren und nichts mehr von sich hören lassen."

Tanja nimmt den Faden auf: „Der Zug näherte sich dem Heimatort und der entlassene Strafgefangene traute sich kaum, aus dem Fenster zu sehen. Aber dann tat er es doch – und sah im Vorbeifahren einen Baum, der über und über mit bunten Bändern behängt war …"

Wir schweigen ein paar nachdenkliche Augenblicke, dann erkläre ich: „Genau so macht es Gott, finde ich. Er hängt uns im übertragenen Sinn immer wieder bunte Bänder vor die Nase, als Zeichen seiner Liebe zu uns. Die Augen dafür öffnen – auch die der Seele – und hinsehen müssen wir aber schon selber. Ich sage ja nicht, dass wir ständig drüber stolpern, aber wahrscheinlich viel öfter, als wir denken. Mal sind es richtig große Leuchtsignale, manchmal nur eine winzige Kleinigkeit: ein unerwarteter netter Anruf, ein Kind, das mich anlacht, ein knallroter Geranientopf in einer dunklen Ecke. Eine kleine Meise, die nach einem Gewitter fröhlich in der Regenpfütze badet, ein überraschender Brief, eine liebe Einladung, mit der ich niemals gerechnet hätte. Der Duft einer Rose, der von irgendwo um meine Nase weht, leuchtende Mohnblumen am Straßenrand. Die unvermittelt einfache Lösung eines scheinbar unüberwindlichen Problems, ein prächtig bunt gefärbtes Ahornblatt im Herbst – es gibt tausend Dinge, die unerwartet Freude schenken, die überraschende Glücksmomente und Licht in den Alltag zaubern."

„Alltag" war wohl das Stichwort. Tanja wird blass, schaut auf die Uhr und springt hektisch auf: „Hilfe, mein HNO-Termin ist in drei Minuten – wie schade!" Sie will in ihrer Riesentasche nach der Geldbörse kramen. Ich winke ab: „Lauf los, vielleicht schaffst du es noch. Den Cappuccino zahle ich mit!"

Eine schnelle dankbare Umarmung und keine Minute

später ist sie samt ihrer leuchtend roten Farbtupfer um die Ecke verschwunden.

Es ist wirklich schade, dass wir uns so abrupt trennen mussten, aber es waren herrliche, kostbare Minuten miteinander. Nachdem ich unsere Rechnung beglichen habe, gibt mein Handy einen Signalton von sich – eine WhatsApp-Nachricht von Tanja: „Bin nicht zu spät – die Patientin vor mir war unerwartet länger drin. Melde mich später noch mal."

Ich muss schmunzeln. Ob Tanja merkt, dass sie eben einen der unerwarteten Glücksmomente geschenkt bekommen hat, von denen wir gerade gesprochen haben?

Am späten Nachmittag habe ich eine weitere Nachricht von ihr: „Hatte heute gleich vier bunte Bänder von Gott vor der Nase! Erstens war der Befund beim HNO-Arzt einwandfrei, zweitens konnte ich mit den Kirschen vom Markt meine Teenie-Tochter über den ersten Liebeskummer hinwegtrösten, drittens bin ich überraschend dir begegnet und viertens treffe ich dich bald wieder – ich muss mich schließlich für den Cappuccino revanchieren! Ach, und noch was: Kannst du mir wohl bitte mal eine deiner Geschichten zum Lesen schicken?"

„Ich denke nicht dran" schreibe ich zurück, „aber ich lese dir beim nächsten Kaffeeplausch gern eine vor – und wenn du willst, auch zwei."

Ein großes lachendes Smiley und drei hochgereckte Daumen kommen umgehend zurück.

Spät am Abend lege ich mein Smartphone wie immer auf den Küchentisch und will schlafen gehen. Dann nehme ich es aber doch noch einmal zur Hand und schreibe Tanja einen Gruß, den sie am nächsten Morgen lesen kann: „Du bist wirklich etwas ganz Besonderes und Kostbares, Tanja, und heute warst du Gottes großes schönes Überraschungsgeschenk an mich!"

Wer weiß, vielleicht ist diese Nachricht ihr erstes „buntes Band" für den neuen Tag ...

Landeanflug

„Das darf doch wohl nicht wahr sein!", stöhne ich. „Muss der ausgerechnet jetzt hier langfahren?"

Vor uns tuckert gemächlich ein Traktor mit Anhänger die Waldstraße entlang und auf der schmalen, kurvenreichen Strecke ist an ein Überholen nicht zu denken.

Endlich biegt das Gefährt nach rechts ab.

„Ein Glück auch! Nun gib aber Gas!", beauftrage ich meinen Mann, der am Steuer sitzt.

Der kennt meine Zappeligkeit schon und reagiert gelassen: „Bleib ruhig und nerv mich nicht. Der Flieger landet erst in einer Dreiviertelstunde und wir sind spätestens in fünfzehn Minuten da."

„Aber manchmal kommt er auch etwas früher, und ich will ihn unbedingt landen sehen!"

„Das klappt schon, keine Bange."

Ich bin selbst nicht unbedingt ein Fan von Flugreisen, aber ich liebe es, Flugzeugen beim Starten und Landen zuzusehen.

Heute bringt einer der Riesenvögel unseren Sohn und seine Freundin aus London zurück und wir wollen sie von dem kleinen Regionalflughafen abholen. Aber natürlich hat mein Mann recht: Wir sind rechtzeitig da und der Flieger kommt auch nicht früher. Im Gegenteil, er hat Verspätung!

Im Pulk mit vielleicht sechzig, siebzig anderen Leuten stehen wir hinter der Absperrung und suchen in Richtung Anflugschneise den Himmel ab. Einige starren sogar mit Ferngläsern in die Wolken. Die sind ja noch hektischer und aufgeregter als ich! Als endlich einer den winzigen glitzernden Punkt entdeckt und die Umstehenden darauf aufmerksam macht, kommt Leben in die Meute. Alle verfolgen interessiert den kleinen sonnenreflektierenden Tupfen, der sich langsam in einen immer größer werdenden Silberstrich verwandelt und mit schrumpfender Entfernung schließlich zu einem Miniaturflugzeug mutiert. Mit einem Mal sieht es so aus, als käme der Flieger plötzlich nicht mehr näher und tiefer herab.

Mein Mann weiß, wie er mich necken kann, und sagt im Tonfall fester Überzeugung: „Der kommt heute ganz sicher nicht mehr runter." Ich drehe mich zu ihm und drohe mit dem Finger: „Der *muss* runterkommen! Da sitzt mein Kind drin!"

Im gleichen Moment komme ich allerdings nicht umhin, an die vielen Menschen zu denken, die auf zahlreichen Flughäfen der Welt schon vergeblich auf den Flieger mit ihren Lieben gewartet haben – auf Flieger, die tatsächlich nicht mehr landeten. Die als abgestürzt, verschollen, entführt galten.

Was muss das für ein Gefühl sein, eine solche Nachricht zu bekommen? Ungläubigkeit, Trauer, Hilflosigkeit, Entsetzen – und dazwischen immer wieder die Hoffnung, dass sich alles als Irrtum herausstellt. Es ist vielleicht normal, aber keineswegs selbstverständlich, dass dieser Flieger aus London hier sicher landet. Als er dann aber doch wenige Minuten später vor unseren Augen behutsam und problemlos auf der Rollbahn aufsetzt, steigen mir unversehens ein paar Tränen in die Augen. Ich wische sie schnell weg.

Wenig später steigen unsere beiden jungen Leute die

Gangway herunter. Sie winken uns zu, als sie uns hinter der Absperrung entdecken, und kurz darauf schließe ich sie fest in meine Arme – fast möchte ich sie nicht mehr loslassen. Unser Sohn lacht: „Nun mach mal halblang, Mutter, wir waren nur eine Woche weg, kein ganzes Jahr – und wir kommen auch nicht aus dem All zurück zur Erde!"

Im Prinzip hat er ja recht, aber das ist mir gerade total egal. Durch meinen kleinen Perspektivwechsel habe ich nämlich das Gefühl, dass Gott mir die beiden eben ein zweites Mal geschenkt hat, und aus tiefster Seele schicke ich ihm dafür einen stillen Dank hinauf.

Glücksmomente der Natur

Wunderblume

Auf dem Straßenabschnitt vor unserem Haus wurde vor ein paar Monaten der Fußweg erneuert. Perfekt passen die kleinen grauen Klinkersteine aneinander – sauber, akkurat, lückenlos. Nur zwischen den langen Bordsteinen am Rand zur Straße findet sich gelegentlich ein schmaler Spalt, kaum einen Zentimeter breit.

Haargenau in einem dieser winzigen Zwischenräume ist irgendwann ein mutiger Sonnenblumenkern gelandet und fand genug Erde, um Wurzeln zu schlagen, auszutreiben und sich keck ins Licht zu recken.

Seit ein paar Tagen leuchtet nun mitten zwischen Betonsteinen ganz dicht am Straßenrand eine etwa sechzig Zentimeter hohe Sonnenblume.

Ein kleines Wunder – und fast noch unglaublicher: Kein Autofahrer parkt sie zu …

Ich doch nicht!

Jetzt habe ich schon ein paarmal über die Freuden unseres Kleingartens berichtet, aber niemand weiß eigentlich genau, wie wir dazu gekommen sind.

Anfangs war das Ganze nämlich nichts anderes als eine mittelschwere Katastrophe für uns, die nie hätte passieren sollen. Weder mein Mann noch ich waren jemals Fan von einem eigenen Schrebergarten. Gut, ich hatte das Problem auf uns zukommen sehen – und doch immer gehofft, das Unheil bliebe uns erspart. Aber dann geschah Folgendes …

Eines Tages im Februar kommt mein Ehemann von einem kurzen Besuch bei seinen Eltern am anderen Ende der Stadt nach Hause und konfrontiert mich am Abendbrottisch mit einer Neuigkeit: „Die Eltern fragen, ob wir uns vorstellen können, ihren Schrebergarten zu übernehmen. Es wird ihnen langsam zu viel mit der Arbeit, zumal Vater jetzt bald seine zweite Hüftoperation hat. Andererseits könnten sie dann trotzdem hin und wieder im Garten sein und die Natur genießen, wären aber alle Verpflichtungen los. Was meinst du?"

Ja, was meine ich?

Ich meine vor allen Dingen, dass die Pflege eines Gartens genau das ist, was ich definitiv nicht brauche. Neben Beruf, Haushalt und mehreren kreativen Hobbys gibt es zwar eine Reihe Dinge, die ich gern noch einmal ausprobieren möchte, aber kistenweise Obst und Gemüse verarbeiten oder in großem Stil Unkraut jäten gehört auf keinen Fall dazu.

Andererseits würde ich meinen weit über siebzigjährigen Schwiegereltern gern den Garten erhalten, solange sie leben. Sie haben mich vom ersten Tag an geliebt und respektiert wie ihre eigene Tochter. Ich möchte sie auf keinen Fall traurig machen.

Also: Der Verstand sagt Nein, das Herz sagt Ja.

Nach zwei Tagen habe ich mich entschieden: „Gut, lass uns den Garten nehmen, aber unter zwei Bedingungen. Erstens: Wir machen nur das Allernötigste. Und zweitens: Sobald die Eltern nicht mehr da sind, ist Schluss mit lustig und das Ding wird wieder abgegeben."

Mein Mann, der eigentlich auch keinerlei gärtnerische Ambitionen hat, ist mit dieser Lösung einverstanden. Es gibt einen Eintrag hier, eine Unterschrift da, und schon sind wir Pächter von 290 Quadratmetern Gartenland.

Ein gut meinender Freund gibt uns den Rat, einfach überall Grünflächen anzulegen. „Dann geht ihr immer mal mit dem Rasenmäher drüber, das macht nicht so viel Arbeit. Und Wiese ist doch auch was Schönes …"

Das stimmt zwar, aber leider hat er die Rechnung ohne das Bundesdeutsche Kleingartengesetz gemacht. Nichts mit großen Rasenflächen! Ein Kleingarten ist ein Nutzgarten, in dem angebaut werden muss, und zwar vor allem Obst und Gemüse und selbstverständlich auch einige Blumen.

Unausweichlich beginnt das Frühjahr.

Unsere Begeisterung für den Garten hält sich nach wie vor in Grenzen, aber wir legen einfach los und säen und pflanzen. Dabei verstehen wir wenig bis nichts von Bodenbeschaffenheit und Fruchtfolgen, haben null Ahnung von Düngung und Schädlingsbekämpfung. Zum Glück gibt es gute Gartenbücher – und natürlich haben auch die Eltern und Gartennachbarn manch nützlichen Tipp parat. So kommt es, dass erstaunlicherweise das meiste Gemüse gedeiht. Im Sommer werden volle Beerenkrüge, Obstkörbe und bunte Blumensträuße nach Hause getragen.

Dann wird es Herbst. Die Beete sind abgeerntet, die Sträucher und Bäume kahl geworden. Ich verspüre Wehmut in mir. Das erstaunt und erschreckt mich zugleich. Noch kann ich dieses Gefühl nicht richtig einordnen.

Dann, mitten im Winter, trifft es mich hammerhart: Gerade ist das Weihnachtsgeschäft vorbei, da steht im Supermarkt ein großer Ständer, randvoll mit bunten Tütchen bestückt. Samentüten! Ich rase hin, beginne zu wühlen – und halte entsetzt die Luft an.

Nein! Ich doch nicht!

Ich gehöre nun wirklich nicht zu diesen seltsamen Vertretern der Spezies Mensch, die bei den ersten wärmeren Sonnenstrahlen im Januar kribbelig werden, in jedem Gespräch spätestens im zweiten Satz das Wort „Garten" fallen lassen und die Anfang März, wenn die ersten Quadratzentimeter Erde schnee- und eisfrei sind, hinaus auf die eigene Scholle eilen, um besagte Flächen nach eventuellen Unkräutern abzusuchen – wobei es keinerlei Rolle spielt, ob es sich um die letzten Unkräuter des Vorjahres handelt (was eher unwahrscheinlich ist) oder um die ersten des neuen Jahres.

Nein, für solche Leute habe ich doch nur ein mitleidig-amüsiertes Lächeln übrig!

Ich schlage also vorerst einen weiten Bogen um den Verkaufsständer. Nachdem ich Milch, Käse, Butter und Eier in meinen Wagen gelegt habe, zieht es mich allerdings wie magisch doch wieder hin. Es hilft alles nichts! Ich muss mich der Erkenntnis stellen, dass mich heimlich, still und leise irgendwann und irgendwie die Gartenleidenschaft gepackt hat!

Seitdem ist unser Stück Erde meine kleine Insel geworden, mein Ort zum Auftanken. Ich gebe diesen Garten um keinen Preis wieder ab, obwohl die Eltern inzwischen längst nicht mehr leben. Natürlich macht er Arbeit und Mühe, keine Frage, aber das stört mich nicht mehr. Ich bin einfach nur glücklich über alles, was wächst und gedeiht, und genieße die Freuden, die man für kein Geld der Welt kaufen kann.

Manchmal, ganz selten, gönnen wir uns einen besonderen Luxus und übernachten sogar im Garten. Das ist zwar in einem Kleingarten laut Gesetz nicht erwünscht, aber in diesem Fall ignorieren wir das großzügig.

Die beiden Gartenliegen sind schnell in der kleinen Laube aufgestellt, sie passen gerade so hinein. Im Schrank bunkern wir für solche Fälle zwei Schlafsäcke. Es ist zwar nicht das „Hilton", schon gar nicht, was die sanitären Anlagen angeht, aber ein, zwei Tage ohne Dusche und fließend warmes Wasser bringen uns nicht um.

Allein die Aussicht auf das Frühstück lässt die Herzen schneller schlagen, denn das ist der eigentliche Höhepunkt der ganzen Geschichte. An einem schönen Sommertag am frühen Morgen im Garten frühstücken, das bedeutet für uns Glück in Reinkultur!

Alles ist so frisch, das Gras noch feucht vom Tau der Nacht, die kühle klare Luft prickelt auf der Haut, obwohl die Sonne schon milde Wärme spendet. Noch ist die Glut-hitze des späteren Tages in weiter Ferne. Die Vögel zwit-schern längst um die Wette und die ersten Schmetterlinge lassen sich auf den Blütenköpfen nieder.

Der Kaffee schmeckt irgendwie viel besser als zu Hause in der Küche, das Frühstücksei auch. Und wenn wir dann so dasitzen und genießen und leise plaudern, passiert es schon mal, dass sich ein kecker Spatz neben den Tellerrand wagt und ins Honigbrot pickt. Wir lachen, als er – erschro-cken über seine eigene Courage – eilig wegflattert.

Eine heile Welt oder gar das Paradies ist unser Garten zwar nicht – dafür sorgen neben unserem eigenen Unver-mögen unter anderem auch gefräßige rotbraune Schne-cken, Asternwelke, Rosenrost und Mehltau, Trockenheit und Unwetter und auch vereinzelte Hundebesitzer, deren Lieblinge beim Gassigehen die Rabatte vor dem Zaun mit-gestalten.

Aber es ist, als ob man an der Tür zum Garten Eden steht und für einen Augenblick durchs Schlüsselloch spä-hen darf. Ein bisschen so, wie es sein könnte, wie Gott es sich wohl eigentlich gedacht hatte …

Amselglück

Gelegentlich werde ich von verschiedenen Gemeindegruppen eingeladen, um ein wenig über das Schreiben zu erzählen, von dem manchmal langen Weg eines Manuskripts, bis es endlich gedruckt ist und mit hübschem Einband in den Buchhandlungen liegt, und um aus meinen Geschichten zu lesen. Das macht große Freude und auch heute erlebe ich einen netten Nachmittag in einem Gesprächskreis.

Wie fast immer gibt es zum Schluss einen regen Austausch über das Gehörte. Am schönsten ist es dann, wenn viele von den unterschiedlichsten überraschenden Glücksmomenten in ihrem Leben erzählen, von all den unzähligen und oft ganz unspektakulären kleinen Wundern, den unverhofften Freuden und Lichtblicken im Alltag.

Mittendrin zwischen den fünfzehn oder sechzehn Leuten sitzt heute eine schmale kleine Frau in schwarzer Kleidung. Ich schätze sie auf Anfang, höchstens Mitte siebzig. Sie ist mir vorhin schon aufgefallen, weil sie besonders aufmerksam und interessiert meinen Geschichten lauschte. Jetzt beteiligt sie sich zwar nicht an den eifrigen Gesprächen, aber sie hört zu, lacht, staunt und schmunzelt mit den anderen mit. Was mag wohl in ihrem Kopf vorgehen?

Als eine kleine Pause in der Unterhaltung entsteht, ergreift sie mit einem Mal überraschend das Wort: „Ich habe kürzlich auch so etwas Ähnliches erlebt, wie Sie es in Ihren Geschichten beschreiben – und ich würde es Ihnen allen gern erzählen."

Wir sind gespannt und hören schon bald wie gebannt zu:

„Als vor mehr als einem halben Jahr mein Mann verstarb, war ich ziemlich am Boden, die Einsamkeit nach so vielen gemeinsamen Jahren und die Trauer waren schwer zu ertragen. Aber ich wollte mich zusammenreißen. Ich wusste ja, auch mein Helmut würde wollen, dass ich wieder froh werde und nicht versauere. Also versuchte ich, mein Leben wieder fast wie früher weiterzuführen. Nur mein Schlafzimmerfenster ließ ich nachts nicht mehr offen. Ich wohne zwar nicht im Erdgeschoss, aber es war mir trotzdem irgendwie komisch, allein bei offenem Fenster im Bett zu liegen.

Morgens dann war mein erster Weg nach dem Aufstehen zum Fenster, um es weit aufzumachen und die frische Morgenluft hereinzulassen.

Vor ein paar Wochen ist es dann passiert – ich riss das Fenster auf und plötzlich stob eine Amsel mit wütendem Schimpfen davon. Ich weiß nicht, wer von uns beiden mehr erschrocken war. Sie musste draußen auf meinem Fensterbrett gesessen haben und war vielleicht eingeschlafen. Jedenfalls suchte sie jetzt ihr Heil in der Flucht und brachte sich ganz oben auf einem großen Apfelbaum in Sicherheit. Dabei hatte ich das Gefühl, dass sie mich nicht aus den Augen ließ. Ich holte aus der Küche ein paar Rosinen und streute sie außen auf das Fensterbrett. Doch nichts geschah, schade.

Vorsichtig schloss ich mein Fenster wieder und trat weit zurück ins Zimmer. Es dauerte sehr lange, aber schließlich siegten wohl doch Neugier und Appetit und die Amsel näherte sich äußerst scheu und vorsichtig, um ihr Extrafrühstück zu holen.

Das ging vier oder fünf Tage lang so weiter. Tags darauf entdeckte ich die Amsel nicht mehr oben auf dem Apfelbaum. Ich wollte schon traurig werden, da merkte ich, dass sie viel weiter unten auf einem niedrigen Ast saß und auf ihre Rosinen spekulierte. Zwei Tage später wartete sie auf dem Stachelbeerbäumchen auf mich, das ziemlich dicht am Haus steht, und schließlich im Spalier des wilden Weins unmittelbar neben dem Fenster.

Vor Kurzem saß sie nun auf dem Fensterbrett – sie flog nicht weg, als ich das Fenster öffnete, sondern hüpfte nur ein winziges Stück zur Seite. Wenn das so weitergeht, dann pickt sie mir die Rosinen vielleicht demnächst sogar aus der Hand. Können Sie sich meine Freude vorstellen? Für mich ist das ein großes, wunderbares Geschenk von Gott!"

Die ältere Dame holt erst einmal tief Luft, dann hebt sie bedeutungsvoll den Zeigefinger ihrer rechten Hand und ergänzt strahlend: „Und das ist noch längst nicht alles! Ich schlafe inzwischen wieder bei offenem Fenster und meine Amsel singt mir nicht nur in der Dämmerung ein Abendständchen, sondern weckt mich auch am Morgen mit ihrem fröhlichen Gesang."

Die glücklich glänzenden Augen der Frau sind ansteckend und bei einem Blick in die Runde entdecke ich den Widerschein auf fast allen Gesichtern.

Glatteis

Es ist 6.20 Uhr am Morgen. Ich räume gerade das letzte Geschirr vom Frühstückstisch ab, als das Telefon läutet. Nanu, um diese Zeit? Ich wundere mich etwas und gehe ran.

Mein Mann ist am Telefon, er klingt ganz abgehetzt: „Du, ich bin eben erst in der Firma angekommen", sagt er ziemlich aufgeregt. „Draußen ist es spiegelglatt! Ich wollte dich nur vorwarnen. Zieh dir die alten Stiefel mit den rutschfesten Sohlen an, egal wie hässlich die aussehen. Danach guckt heute keiner. Lauf langsam und sei bloß vorsichtig!"

Ich danke ihm für die liebevolle Warnung und lege auf. Insgeheim allerdings denke ich, dass es so schlimm schon nicht sein wird. Ein bisschen Glatteis im Januar ist doch völlig normal. Männer müssen immer gleich Panik verbreiten …

Der erste Schritt aus der Haustür belehrt mich jedoch eines Besseren!

Der Ausdruck „spiegelglatt" ist noch weit untertrieben. Ich kann mich nicht erinnern, jemals ein solches Glatteis erlebt zu haben. Nirgends findet mein Fuß auch nur einigermaßen festen Halt. Außerdem ist es noch stockdunkel, das macht die Situation nicht einfacher.

Irgendwie hangle ich mich an Hausmauern, Zäunen und den Stämmen der kleinen Bäume neben dem Fußweg entlang. Glücklicherweise habe ich keinen langen Weg bis zu meiner Arbeitsstelle. Mit zaghaften Schritten und viel

Verspätung, aber wenigstens ohne Sturz und Knochenbrüche komme ich schließlich dort an.

Tagsüber wird es draußen nicht wesentlich besser. Mit äußerst gemischten Gefühlen trete ich am Nachmittag den Heimweg an. So vorsichtig wie möglich setze ich Fuß vor Fuß, immer bemüht, etwas zum Festhalten in der Nähe zu haben. Wenn es sein muss, werde ich auch auf allen vieren gehen – Gesundheit hat Vorrang. Und wie mein Mann schon sagte: Heute schaut da sowieso keiner hin. Die wenigen Leute, die unterwegs sind, haben alle genug mit sich selbst zu tun.

Aber wenigstens ist es jetzt hell.

Aus irgendeinem Grund hebe ich für einen kurzen Moment den Kopf – und bleibe überrascht stehen. Die kleinen Weiden- und Birkenbäumchen, die rechts und links meinen Weg säumen, glitzern und blinken, als wären sie aus reinstem Kristall. Jeder einzelne Zweig, jeder kleinste Spross ist mit einer dicken glasklaren Eisschicht überzogen. Der matte Schein der untergehenden Wintersonne bringt alles zum zarten Glänzen. Was für eine Pracht!

Ich genieße den Anblick, lasse mich von dem kleinen, unverhofften Wunder verzaubern und bin wieder einmal erstaunt über die Kreativität meines Schöpfers. Was für eine wunderschöne Welt hat Gott uns doch geschenkt!

Selbst das Glatteis hat seinen Schrecken verloren, so beschwerlich und gefährlich es auch ist. Irgendwie hat eben tatsächlich jedes Ding zwei Seiten – danke, Herr, dass du mir auch die andere, schöne gezeigt hast!

Rabeneltern

Kahle Bäume sind nicht unbedingt ein schöner Anblick –
aber manchmal haben sie Interessantes zu bieten …

Von unserem Küchenfenster aus schauen wir direkt auf
den großen Hofplatz einer ehemaligen Grundschule, in der
schon seit etlichen Jahren kein Unterricht mehr stattfindet.
Dort stehen unter anderem drei große Ahornbäume und
eine riesige Linde. Uralte Exemplare sind es allesamt und
wir hoffen, sie dürfen bleiben, wenn demnächst – wie laut
Stadtschulamt geplant – das Gebäude saniert und wieder
in Betrieb genommen wird.

Noch ist es nicht so weit.

Etwa im Februar dieses Jahres fällt uns auf, dass auf
dem rechten Ahornbaum immer wieder zwei Rabenvögel
sitzen. Wir geben ihnen spaßeshalber Namen, nennen sie
Bolek und Lolek nach den lustigen Figuren einer polni-
schen Zeichentrickserie.

Beide haben komplett schwarzes Gefieder vom Kopf
bis zur letzten Schwanzfeder. Sind das jetzt Männlein oder
Weiblein? Wir machen uns auf einschlägigen Internetseiten
kundig – nur um zu lesen, dass beide gleich aussehen. Das
Männchen soll lediglich etwas größer und schwerer sein.
Beim Größenvergleich können wir aus der Entfernung keine nennenswerten Unterschiede feststellen und es dürfte
auch etwas kompliziert bis unmöglich sein, die zwei Vögel
auf die Küchenwaage zu legen. Aber wenigstens erfahren
wir beim Recherchieren, dass es sich bei unseren Freunden
wohl um sogenannte Rabenkrähen handelt.

Am Anfang sitzen sie getrennt auf weit entfernten Ästen, doch langsam kommen sie sich immer näher. Schließlich hocken sie dicht beieinander, zupfen sich gegenseitig am Gefieder, rücken wieder ein Stückchen weg, nur um gleich darauf erneut die Köpfe zusammenzustecken und zu turteln. Es wird immer offensichtlicher, dass die zwei wohl ein Pärchen werden wollen.

„Ich fürchte, wir liegen mit den Namen für unsere beiden gefiederten Freunde etwas daneben", stelle ich folgerichtig fest.

„Stimmt, Bolek und Lolek waren ja zwei Jungs", versteht mein Ehemann sofort. „Und nun?"

Ich taufe sie kurzerhand um: „Nun heißen sie eben Max und Mina."

Fast an jedem Vormittag nach dem Frühstück beobachten wir die beiden. Es ist köstlich, wie sie miteinander turteln und kuscheln.

Ich schmiede schon Pläne. In einer spannenden Romanreihe, die im mittelalterlichen Köln spielt, gibt es einen jungen Mann, der Raben abrichtet und ihnen sogar ansatzweise das Sprechen beibringt. Deshalb nennen sie ihn auch den Rabenmeister. Auch wenn diese Geschichten natürlich komplett erfunden sind, lese ich doch in anderen Berichten, dass Raben durchaus in der Lage sind, einzelne Worte zu sprechen. Man muss sie ihnen nur lange und oft genug vorsagen. Das wäre doch was, wenn ich Max und Mina das Sprechen beibringen könnte!

Doch das muss warten. Im Augenblick haben die beiden vollauf damit zu tun, ihre Zweisamkeit zu verteidigen. An einem Tag nähert sich ihnen respektlos eine krächzende

Elster und rückt ihnen regelrecht auf die Pelle. Eine Weile lassen sich das unsere Raben gefallen, hüpfen immer wieder ein Stückchen auf ihrem Ast zurück und wollen wohl jeden Streit vermeiden. Aber es nützt nichts, die Elster lässt sie nicht in Ruhe. Dann haben Max und Mina offenbar genug und stürzen sich krächzend mit ihren harten Schnäbeln auf den Feind. Überrumpelt und schimpfend flattert die Elster von dannen und kehrt nicht mehr zurück. Gut gemacht, Freunde!

Schon zwei Tage später droht eine neue Störung. Ein Taubenpaar lässt sich auf einem entfernten Ast des gleichen Ahorns nieder. Einer der Raben flattert hin (wir vermuten, es ist Max) und hantiert aufgeregt mit Schnabel, Kopf und Flügeln. Offenbar haben die Tauben die Botschaft verstanden – sie fliegen zwei Bäume weiter und machen es sich dort gemütlich.

Nun sind wohl alle Beteiligten zufrieden.

Nur, wir erleben eine böse Überraschung – nach etwa drei Wochen tauchen unsere Rabenvögel auf einmal nicht mehr auf. Erst scherzen wir: „Die sind auf Hochzeitsreise!" Doch die Zeit vergeht und kein Max und keine Mina in Sicht. Wie schade!

Hoffentlich haben sie nicht das Weite gesucht, weil ich ihnen Sprechunterricht geben wollte …

Eines Tages im April fragt mich mein Ehemann ganz aufgeregt: „Hast du gegenüber das Nest gesehen?"

Nein, habe ich nicht, und sofort rase ich ans Küchenfenster und fixiere den Ahorn. Aber da ist nichts.

„Nicht dort, rechts in der alten Linde!"

Tatsächlich – fast oben an der Spitze, in der letzten

einigermaßen stabil erscheinenden Astgabel hat jemand ein großes Nest gebaut. Wieder ziehen wir das Internet zurate und siehe da, allem Anschein nach ist es das Werk von Raben.

Eifrig beobachten wir von nun an das Nest. Das ist kein Problem, denn durch den kalten Frühling in diesem Jahr treiben die Bäume erst spät und nur ganz langsam aus.

Es sind wirklich zwei Rabenkrähen, die ihr Werk noch vervollständigen und danach ganz offensichtlich zu brüten beginnen. Wie schön! Natürlich wissen wir nicht, ob es Max und Mina sind, aber wir gehen einfach fest davon aus. Jedenfalls war es absolut clever, das gemeinsame Zuhause nicht im Ahorn nebenan zu errichten. Die Linde wird in einigen Wochen viel dichteres Laub haben und das Nest dadurch wesentlich besser geschützt sein als im Ahornbaum. Ich frage mich nur, woher die Vögel das wissen …

Anfang Mai zieht über mehrere Tage ein Sturmtief über uns hinweg. Der Wind peitscht die Äste hin und her, die Bäume schwanken bedrohlich. Beim Blick auf die Linde wird mir angst und bange – wird das Nest diese extreme Belastung aushalten?

Spontan muss ich an einige Zeilen von Johannes Trojan denken. Er hat die Verse zwar vor über einhundert Jahren geschrieben – aber sie könnten genauso gut heute entstanden sein:

Ein Vogel baut sein kleines Haus
auf höchstem Zweig der Linde.
Gefährlich sieht's mitunter aus,
so schwankt das Nest im Winde.

Der Vogel hat ein gut Vertrau'n,
lässt froh sein Lied erschallen;
der ihm dort riet sein Nest zu bau'n,
lässt auch das Nest nicht fallen.

Na ja, „froh sein Lied erschallen" lässt unser Rabe nun nicht gerade, aber Vertrauen hat er definitiv – und nicht zu knapp!

Wenig später ist durch das dichte Laub hindurch vom großen Nest unserer gefiederten Freunde nichts mehr zu sehen. Wir hören nur das hungrige Piepsen des Nachwuchses. Bald wird er flügge sein und für sich selbst sorgen können.

Inzwischen ist es Oktober geworden und die ersten Herbststürme toben über das Land. Heute weht es wieder ganz besonders arg. Schwere Böen mit bis zu 100 km/h fegen das restliche Laub von den Bäumen und drücken selbst sehr starke Äste beängstigend tief nach unten. Auch unsere Linde wird heftig vom Sturm gepeitscht und verliert Blatt um Blatt. So ist das Nest von Max und Mina wieder gut sichtbar – und sitzt allen Widrigkeiten zum Trotz noch immer fest und sicher in der letzten oberen Astgabel ...

Ein Tag im März

Solch einen Winter hatten wir schon lange nicht mehr. Fast zwei Monate lang ununterbrochen Minusgrade bis in den zweistelligen Bereich, Schnee über Schnee und Eisglätte, die dafür sorgte, dass die Notaufnahmen der Unfallchirurgien pausenlos überfüllt waren.

Hatte es doch ein, zwei Tage lang den Anschein, milder zu werden, dann wurde die Hoffnung über Nacht mit einigen Zentimetern Neuschnee und einer weiteren Kältewelle zunichtegemacht.

Vorgestern gab es noch einmal kräftigen Schneefall, gestern den ganzen Tag lang unangenehmen Schneeregen und heute – Sonnenschein und warme Luft, die nach Frühling riecht! Ich kann beobachten, wie der Schnee taut und wie die Sonne mit ihrer enormen Kraft die Schneedecke förmlich aufleckt. An vielen Stellen im Garten, der bis vor Kurzem durchgängig zentimeterhoch mit Schnee bedeckt war, treten Rasenflächen zutage, die zusehends größer werden. Zwar schmiegt sich das Gras noch unansehnlich grau, matschig und kraftlos an den Boden, aber unter dem Forsythienstrauch und neben dem Fliederbäumchen läuten doch tatsächlich schon Schneeglöckchen den Frühling ein!

Wie haben sie das nur gemacht? Sie müssen regelrecht unter dem hohen Schnee aus der Erde gewachsen sein und Knospen getrieben haben. Sonst wären sie nicht auf einmal da, langstielig genug, um sie in eine kleine Vase zu stellen. Ich überlege: Soll ich mir ein paar Stängel holen?

Nein, ich lasse sie draußen kräftig weiterläuten, damit der Frühling sie auch ja hört!

Irgendwie habe ich den Eindruck, dass sogar die Knospen am alten Apfelbaum heute Nachmittag ein ganz kleines bisschen dicker sind als am Morgen. Die Vögel zwitschern um die Wette, wochenlang habe ich fast nichts von ihnen gehört. Vielleicht hat ihnen die Kälte, der Frost und die lichtarme Zeit ebenso wie mir auf die Seele gedrückt. Jetzt zirpt, piepst und tschilpt es aber von allen Seiten.

Auf dem Nistkasten an der Schuppenwand sitzt ein Kohlmeiserich und beäugt ihn intensiv mit schräg stehendem Köpfchen. Na, Junge, ist das nicht noch ein bisschen früh zum Familiegründen? Aber das weiß das Vogelmännchen wohl besser als ich.

Ich ertappe mich dabei, wie ich eine Melodie summe. Dann fällt mir auch der Text dazu wieder ein und leise singe ich vor mich hin:

Preist Gottes Güte fern und nah,
der Lenz ist da, der Lenz ist da!
Die Welt wird grün, die Blumen blühn,
rühmt Gottes Güte, preiset ihn.

Frühlingsfreuden

Warm scheint die Sonne vom wolkenlosen Himmel.

In den Nistkasten am alten Pflaumenbaum sind endlich wieder Meisen eingezogen.

Es ist Ende April und vorhin habe ich die Saatkartoffeln in die Erde gelegt. Schon jetzt freue ich mich auf die frisch geernteten, gekochten Knollen mit Kräuterquark und Leberwurst. Ich werde eine reichliche Menge zubereiten – dann gibt es am nächsten Tag davon noch knusprige Bratkartoffeln mit goldbraun gebrutzelten Zwiebelwürfeln, einer Prise gemahlenem Kümmel und einer großzügigen Portion vom getrockneten Majoran. Dazu vielleicht Spiegelei oder auch Sülze mit Remoulade. Beim Gedanken daran läuft mir bereits heute das Wasser im Mund zusammen …

Nach dem langen Winter ist die Gartenarbeit noch ungewohnt, der Rücken schmerzt vom Bücken und die Arme vom kräftigen Ziehen der Kartoffelhacke, um schöne gleichmäßige Zeilen zu bekommen. Aber die Mühe (und den wahrscheinlich darauffolgenden Muskelkater morgen) nehme ich gern in Kauf mit der Aussicht auf die Ernte der rundlichen Schätze später im Jahr.

Zwiebeln habe ich vor ein paar Wochen auch schon gesteckt, die bekannten „Stuttgarter Riesen". Viel mehr werde ich um diese Jahreszeit vorsichtshalber noch nicht säen und pflanzen, dafür ist unsere Gegend zu rau und die Erde noch zu kalt. So richtig loslegen kann ich erst nach den „Eisheiligen" Mitte Mai.

Längst ist auf einem Zettel notiert, welche Jungpflanzen ich im Gartenmarkt kaufen oder aus Samen auf der Fensterbank und dem Balkon selbst ziehen will – Majoran ist natürlich mit dabei. Vorfreude pur!

Die Kartoffelhacke habe ich inzwischen von den Erdresten gesäubert und wieder im Schuppen verstaut.

Genug gearbeitet, jetzt ruhe ich mich erst einmal aus. Vorhin im Beet ist mir warm geworden, doch nun spüre ich den immer noch ziemlich kühlen Wind, obwohl die Sonne scheint. Das macht jedoch gar nichts. In meine warme knallgelbe Fleecedecke gekuschelt sitze ich im uralten Holzliegestuhl unter dem blühenden Kirschbaum, die Beine ruhen bequem auf der mit blau-weißem Stoff bezogenen Fußstütze. Auf meinen Knien liegt ein dicker Block mit kariertem Papier und ich schreibe ein wenig an einer neuen Geschichte. Zwischendurch beobachte ich immer wieder das rege Ein- und Ausfliegen der Kohlmeisen. Nur wenige Meter entfernt bauen sie im schützenden Nistkasten ein Nest, gründen ihre kleine Familie und lassen sich von mir in keinster Weise stören.

Auf meinen Schreibblock und in meinen Schoß rieseln die federleichten weißen Blütenblätter der Süßkirsche.

Im Baum über mir summen Bienen. Von irgendwoher kommt Kinderlachen. Wie friedlich diese Nachmittagsstunde ist!

Was für ein Privileg, dass ich hier in aller Ruhe sorglos sitzen, die Sonne und das Erwachen der Natur genießen und die Seele baumeln lassen kann! Dieser Tag ist ein Geschenk, das ich dankbar annehme – und ich bin einfach nur glücklich.

Gelbe Verlockung

Falls das Pflücken von wild wachsenden Blumen auf Brachflächen, an den Straßenecken oder vom Grünstreifen eine Rechtsverletzung ist, habe ich mich heute strafbar gemacht. Und das Schlimmste daran ist: Es tut mir kein bisschen leid!

Schuld daran ist eine alte Kaffeekanne: dunkelbraun emailliert und mit Blümchen aus roten und weißen Punkten, einem gelben Tupfer als Staubgefäß in der Blütenmitte und grünen Blättern und Stielen. Die obere Öffnung ziert ein orangefarbener Ring.

Ich liebte sie schon als kleines Mädchen.

Damals hatte diese Kanne im Sommer stets ihren Platz auf dem großen Küchenherd, bis oben hin gefüllt mit kaltem Malzkaffee. So stillten wir an heißen Tagen unseren Durst. Es stand auch ein Kaffeebecher daneben, aber den ignorierte ich weitestgehend. Ich trank einfach aus dem kleinen Schnäuzchen der Kanne. Allerdings durfte ich mich dabei nicht erwischen lassen …

Viele Jahre später gelangte das gute Stück in meinen Besitz und hat seither einen Ehrenplatz in meiner Wohnung. Manchmal stelle ich bäuerliche Blumen hinein, orangegelbe Ringelblumen aus dem Garten, blaue Kornblumen oder einen bunten Strauß Wiesenblüten.

Und heute nun lockte mich der knallgelbe Rainfarn, der üppig auf der Brache an meiner Straßenecke wuchert. Ich konnte einfach nicht widerstehen!

Jetzt schmückt die betagte Kaffeekanne, prall gefüllt mit

etlichen Stängeln vom kräftig gelb leuchtenden Rainfarn, eine alte, rustikale Korbreisetruhe, die im Durchgang zum Wohnzimmer steht. Perfekt! Ein traumhaft schönes Duo!

Rechtsverletzung hin oder her – ich bin mir sicher, dass bei diesem prächtigen Anblick auch der strengste Anwalt auf mildernde Umstände plädieren würde. Ich könnte ihm zum Dank dafür ja einen hübschen Strauß Feldblumen pflücken. Nur meine heiß geliebte braun-bunte Kaffeekanne, die kriegt er nicht mit dazu …

Urlaubsglück

Sternenzauber

Nach einer anstrengenden Achtstundenfahrt sind wir endlich in unserer Urlaubspension in Buchboden angekommen. Zwei Wochen in den Bergen warten auf uns. Aber erst einmal fallen wir ziemlich erschöpft in die Betten.

Mitten in der Nacht werde ich wach. Etwas schlaftrunken stelle ich mich ans geöffnete Fenster und atme tief die klare, reine Bergluft ein. Dann schaue ich nach oben – und gerate in ehrfürchtiges Staunen. Über das Tal und die Bergketten wölbt sich ein unbeschreiblich schöner Nachthimmel. Unzählige Sterne leuchten und blinken wie goldglänzende Edelsteine auf blauschwarzem Samt.

Ich habe den Eindruck, der Himmel ist mir hier viel näher als zu Hause – und genauso greifbar nah empfinde ich in diesem Augenblick die Gegenwart Gottes.

Mit dem Gefühl tiefer Geborgenheit und einer großen Freude im Herzen kuschle ich mich wieder in mein gemütliches Bett und schlafe dem ersten Ferienmorgen entgegen.

Strahlendes Lächeln

Man sagt uns Sachsen alles Mögliche nach – manches mag zutreffen, einiges sicher nicht. Auf jeden Fall stimmt die Behauptung, wir wären ein reiselustiges Völkchen. Bereits 1903 beschrieb Otto Reutter, der altmärkische Sänger, Dichter und Komiker, in einem Song mit dem bezeichnenden Titel „Ein Sachse ist immer dabei", wie an jedem touristischen Highlight der Welt mit ziemlicher Sicherheit ein Sachse anzutreffen ist. Wenn er wüsste, dass inzwischen sogar einer im Weltraum war!

Und wirklich – fast alle unserer sächsischen Verwandten, Freunde und Bekannten reisen für ihr Leben gern und sei es nur für ein verlängertes Wochenende. Am liebsten würden sie natürlich die ganze Welt kennenlernen.

Kein Wunder also, dass es auch meinen Ehemann und mich in die Ferne zieht, seit das endlich möglich ist. Exotische Fernreisen lässt der Geldbeutel meistens nicht zu, aber das tut unserer Reiselust keinen Abbruch. Nach Alpen und Nordsee lockt uns jetzt der warme, sonnige Süden. So buchen wir bei einem regionalen Reiseunternehmen für eine Woche in der zweiten Märzhälfte eine Busreise nach Andalusien, eine der reizvollsten Regionen Spaniens.

Es sind traumhafte Tage!

Heute steht Granada auf dem Ausflugsprogramm, die uralte Stadt vor der gewaltigen Gebirgskulisse der Sierra Nevada. Allein dieser Anblick ist schon märchenhaft. Er wird noch übertroffen, als wir die wundervollen Bauwerke der „Alhambra" besichtigen – hinreißend schön wie die

Paläste aus Tausendundeiner Nacht. Anschließend bummeln wir begeistert durch die weitläufigen Garten- und Parkanlagen der einstigen maurischen Herrscher. Welche Harmonie, Vollkommenheit und Schönheit umgeben uns auf diesem geschichtsträchtigen Stück Erde!

Ich kann nicht sagen, was mich mehr bezaubert: die beeindruckende, großartige Baukunst der maurischen Handwerker vor vielen Hundert Jahren, die üppige, betörend duftende Blütenpracht ringsum, die kunstvoll angelegten Wasserspiele mit ihrem kristallklaren Wasser oder die daheim so lange entbehrte warme Sonne und milde Luft. Alles zusammen ist eine faszinierende Mischung, die mich ganz tief innen mit Freude erfüllt.

Auf unserem Rundweg durch die Gärten kommen uns zwei junge Familien entgegen. Der Kleidung und dem Aussehen nach könnten sie in einem der Länder Nordafrikas zu Hause sein. Die Männer tragen leichte helle Leinenhosen und bunte Kaftane darüber, die beiden Frauen reich bestickte lange Kleider in leuchtenden Farben, die eine in Weinrot, die andere in Hellblau. Es ist ein wundervolles Bild.

Auch ein vielleicht zehn- oder elfjähriger Junge gehört dazu. Mit seinen schwarzen Krauslocken passt er perfekt in diese südländische Umgebung – wie ein i-Tüpfelchen auf all die Schönheit, die uns umgibt.

Aufmerksam und ernst mustert er uns. Im Vorübergehen treffen sich unsere Blicke. Ich lächle ihm zu und er bleibt einen kurzen Augenblick lang stehen. Vielleicht hat er all die Freude in mir, all das Glück in meinem Lächeln gelesen, denn urplötzlich kommt in seine großen schwarzen

Augen wie von innen heraus ein solches Strahlen, dass es mir beinahe den Atem verschlägt. Offen und herzlich lacht er mich an, bevor er vorübergeht.

Ich bin sprachlos. Eine Dame neben mir bemerkt erstaunt: „Du meine Güte, wie der Kleine Sie angestrahlt hat! Was haben Sie denn mit dem gemacht?"

Immer noch bringe ich kein Wort heraus, dazu bin ich viel zu bewegt. Aber sie erwartet wohl auch gar keine Antwort, sondern schüttelt nur verwundert den Kopf.

Noch vor ein paar Minuten glaubte ich, völlig glücklich zu sein – doch eigentlich bin ich es erst jetzt. Der fremde kleine Junge hat mit seinem strahlenden Lächeln das Glück und die Freude dieses Tages ganz und gar vollkommen gemacht.

Jäger Fritz

Wenn alles nach Plan gegangen wäre, hätten wir ihn nie kennengelernt ...

Mitten auf dem weichen, leicht sandigen Wanderweg durch einen der wunderbaren brandenburgischen Kiefernwälder stehe ich neben meinem Ehemann und vergleiche mindestens zum dritten Mal die Angaben auf der Wanderkarte mit der Wirklichkeit.

„Aber die Schutzhütte *muss* hier sein, genau an dieser Weggabelung! Das verstehe ich einfach nicht." Eigentlich bin ich eine gute Kartenleserin, doch heute muss ich passen.

Wir sind auf einer längeren Wanderung unterwegs und wollten an dieser Schutzhütte unsere Mittagsrast halten, doch es ist weit und breit nichts von ihr zu sehen. Gut, wir brauchen sie nicht unbedingt. Die Sonne scheint warm vom wolkenlosen Himmel und wir könnten uns einfach am Wegrand ins Gras setzen. Trotzdem, wir hatten es so schön geplant!

Wir verschieben die Rast erst einmal auf später und gehen unschlüssig noch ein Stück weiter. Hinter der nächsten Wegbiegung bleiben wir überrascht stehen. Vor uns liegt eine Waldlichtung mit einem sehr kleinen Stückchen Ackerland. Darüber schreitet bedächtig ein älterer Mann und streut aus einem Holztrog, den er umgehängt hat, mit geübter Hand Körner aus.

Ich bin total perplex. „Aber so was gibt es doch gar nicht mehr", flüstere ich fasziniert.

Hier vor uns läuft ein leibhaftiger Sämann, wie ich ihn nur aus den Bilderbüchern meiner Kindheit kenne. Auch mein Mann ist offensichtlich gefangen von dem friedlichen Bild dörflichen Lebens.

Der Bauer hat uns mittlerweile bemerkt, kommt über das schmale Feld auf uns zu und grüßt uns freundlich. „Sie haben sich ja einen schönen Tag zum Wandern ausgesucht", sagt er mit einem Blick auf unsere Rucksäcke und die Wanderkarte, die ich immer noch in der Hand halte.

„Da gebe ich Ihnen recht", antworte ich, „und wir haben auch schon etwas ganz Besonderes erlebt. Wir sind einem Sämann aus meinen Bilderbüchern begegnet!"

Er lacht hell auf und erklärt: „Stimmt. Wissen Sie, dieses Fleckchen Erde hier ist viel zu winzig, um es mit Maschinen zu bearbeiten. Da säe ich noch mit der Hand aus wie früher."

„Und wie ernten Sie? Mit der Sense?"

Er schmunzelt und neigt sich verschwörerisch zu uns herüber: „Ich ernte gar nicht", verrät er uns. „Auf diesem Feld säe ich das Getreide nur für das Wild aus. Da können sich die Tiere mal ein Festessen holen. Das ist besser, als wenn es brachliegt und verwildert – und mir macht es Freude."

Das scheint ja ein recht origineller Typ zu sein, dem wir da zufällig über den Weg gelaufen sind. Er erzählt uns, dass er sein Leben lang Bauer war. Jetzt ist er Anfang siebzig und das Bauerngut gehört inzwischen längst einem seiner Söhne.

Wir hören gespannt zu und fragen ihn dann nach der Schutzhütte, die wir nicht finden konnten.

Er nickt: „Ja, die stand genau dort vorn an der Weg-gabelung. Vor zwei oder drei Jahren haben allerdings ein paar Jugendliche die Hütte kurz und klein getreten und die Reste abgefackelt. Man hat sie anschließend nicht wieder aufgebaut."

„Also auch vor dieser idyllischen Gegend macht der Vandalismus nicht halt", resümiert mein Mann. So ergibt ein Wort das nächste und mit einem Mal sind wir mitten im Plaudern. Dabei erfahren wir ganz nebenbei, dass der Bauer genau wie wir Christ ist. Was für eine Freude! Die Begegnung hat plötzlich eine andere Dimension, eine be-sondere, gute Nähe bekommen.

Wir stellen uns endlich richtig vor, nennen unsere Na-men und berichten, woher wir kommen. Er schüttelt uns kräftig die Hände. „Ich bin der Jäger Fritz", sagt er und fügt nachdenklich hinzu: „Ich bin ein leidenschaftlicher Jäger schon seit mehr als fünfzig Jahren. Einmal wurde ich zur Parteileitung der SED nach Cottbus bestellt. Dort sagte man mir, dass ich meine Waffe abgeben muss und nicht mehr zur Jagd gehen darf, wenn wir uns weiter zur Kir-che halten und die Kinder nicht zur FDJ und Jugendweihe schicken. Ich sei dann für den Staat nicht mehr vertrauens-würdig. Es ist mir sehr, sehr schwergefallen, aber ich habe am nächsten Tag mein Jagdgewehr hingebracht und unsere Kinder sind weiter zur Christenlehre und zur Konfirman-denstunde gegangen."

Er schmunzelt: „Nun, lange hat es nicht gedauert, dann hatte ich mein Gewehr wieder. Sie brauchten uns Jäger, sonst hätte das Wild hier in den Wäldern überhandgenom-men. Ach, ich könnte noch viel erzählen!"

Das glauben wir ihm gern. Mit einem Mal hören wir irgendwo in der Nähe eine Kirchturmuhr zwölfmal schlagen – Mittagszeit.

Für Jäger Fritz offenbar ein gewohntes Signal. „Jetzt muss ich mich sputen, die Frau wartet mit dem Mittagessen. Wenn Sie noch ein paar Tage hier im Urlaub sind, dann kommen Sie doch mal in unser Dörfchen. Mochow liegt gleich dort drüben hinter den Feldern."

Wir verabschieden uns mit Handschlag.

„Ach, und wir haben eine wunderschöne kleine Kirche, die zeige ich Ihnen gern!", ruft er uns im Weggehen noch zu.

Wir fühlen uns irgendwie ein wenig wie aus der Zeit gefallen. Da sät jemand auf uralte Art und Weise Getreide aus – nur als Snack für die Tiere des Waldes. Den Tagesrhythmus bestimmt der Glockenschlag der Kirchturmuhr und wildfremde Leute werden einfach mal so aufrichtig und herzlich ins Heimatdörfchen eingeladen. Alles wirkt so friedlich und fühlt sich merkwürdig richtig an – unwillkürlich spüre ich eine tiefe Sehnsucht nach einer Welt, die rundum in Ordnung ist. Nicht unbedingt perfekt vielleicht, aber mit sich im Reinen.

Nachdenklich wandern wir weiter und reden noch lange über die Begegnung mit dem alten Jäger.

Drei Tage später geht es wieder nach Hause. Nach wenigen Minuten Autofahrt sehen wir rechts an der Landstraße einen Wegweiser. „Mochow 1 km" steht darauf.

Mein Mann bremst. „Wollen wir? Zeit hätten wir genug." Klar wollen wir! Das Wetter ist sowieso viel zu schön, um stundenlang im Auto zu sitzen. Also biegen wir nach rechts ab und gelangen in ein hübsches Dörfchen.

Wie sich herausstellt, feiert man an diesem sonnigen, heißen Samstag gerade das jährliche Dorffest und die rund 100 Einwohner sind fast ausnahmslos auf der Festwiese anzutreffen. Es duftet nach frisch gemähter Wiese und Gegrilltem. Mein Appetit ist geweckt – Bratwürsten vom Grill kann ich nur schwer widerstehen. Noch während wir uns zwei leckere Exemplare davon schmecken lassen, schauen wir uns suchend um und entdecken tatsächlich „unseren" Jäger Fritz.

Erstaunt schaut er auf, als wir seinen Namen rufen. Schnell hat er uns erkannt, kommt uns entgegen und schüttelt uns strahlend die Hände. „Das freut mich aber, dass Sie wirklich gekommen sind!" Dann eilt er schnurstracks auf den alten Dorfgasthof zu und winkt uns mitzukommen. „Der Gasthof gehört meiner Schwester und meinem Schwager", erklärt er unterwegs, „und dort ist der Kirchenschlüssel in Verwahrung." Aha, er hat also nicht vergessen, was er versprochen hat.

Schließlich stehen wir vor der alten roten Backsteinkirche. Ehrfürchtig dreht Jäger Fritz den Schlüssel im Schloss und wir treten ein in das kleine Gotteshaus. Nur wenige Bänke gibt es rechts und links vom Mittelgang, dazu eine schmale Empore über dem Eingang. Das genügt aber auch vollkommen, das Dorf ist ja wirklich nicht groß. Die Kirche ist sauber verputzt, helles Licht scheint durch die blanken bunten Glasfenster und der Altar ist liebevoll mit Blumen geschmückt, obwohl hier nur noch alle paar Wochen ein Gottesdienst gefeiert wird.

„Wollen wir etwas singen?", fragt Jäger Fritz überraschend. Ohne unsere Antwort abzuwarten, stimmt er ein-

fach an: „Lobe den Herren, den mächtigen König der Eh-
ren ...“

Aus vollem Herzen stimmen wir ein. Es ist, als ob wir
einander schon lange kennen, und der Abschied vom Jäger
Fritz fällt uns schwer.

Seitdem gibt es jedes Jahr im September, wenn wir für
ein paar Tage im Brandenburgischen weilen, einen kurzen
Besuch in Mochow. Das winzige schmucke Dörfchen abseits der großen Straße und seine liebenswerten, freundlichen Bewohner sind ein Teil unseres Lebens geworden.
Ein kleines Stückchen Glück, das uns völlig überraschend
in den Schoß fiel.

Nur ein kleines Licht

Eigentlich graut mir vor langen Flugreisen. Wenn es irgendwie geht, vermeide ich sie.

Eines Tages jedoch bekommen wir ein unwiderstehliches Angebot für eine Reise nach Israel. Dorthin kommt man leider nun mal nicht mit Bahn, Bus oder Auto.

So sitze ich wenige Monate später schließlich mit viel Herzklopfen neben meinem Ehemann im Flieger. Die Flugangst weicht aber bald der Vorfreude auf das fremde und doch seltsam vertraute Land und irgendwann genieße ich sogar den Anblick der wechselnden Landschaften unter mir. Alles geht gut und wir landen sicher auf dem Flughafen „Ben Gurion".

An einem der ersten Tage im Heiligen Land besucht unsere Reisegruppe die beeindruckende Festung Masada in der Judäischen Wüste, anschließend baden wir im Toten Meer. Lachend stellen wir fest, dass selbst eingefleischte Nichtschwimmer beim besten Willen nicht untergehen können. Doch dann mahnt unser israelischer Reiseleiter Ari zur Eile. Die Sonne geht bald unter und er hat noch eine Überraschung parat, die er uns nur bei Tageslicht zeigen kann. Wir haben inzwischen längst registriert, dass es in den südlichen Breitengraden keine lange Dämmerung gibt wie bei uns zu Hause. Nach Sonnenuntergang wird es innerhalb weniger Minuten völlig dunkel. Also sputen wir uns alle widerspruchslos. Kurze Zeit später biegt unser Reisebus von der befestigten Straße ab und fährt ein Stück in die Wüste hinein. Dort steigen wir gespannt aus.

Über Steine kletternd, durch enge Felsspalten und unter überhängenden Felsvorsprüngen hindurch führt Ari uns in eine prächtige, riesige Kaminhöhle hinein. Gewaltige Steinwände ragen rund um eine ebene Fläche von einigen Metern Durchmesser fast senkrecht in schwindelnde Höhen empor. Staunend stehen wir in diesem grandiosen Wunderwerk der Natur und sind ganz still. Dann räuspert sich jemand kurz und beginnt leise zu singen: „Großer Gott, wir loben dich …" Ehrfürchtig stimmen wir nach und nach ein. Was für ein beeindruckendes Erlebnis! Der Abstecher von der Autostraße hat sich wirklich gelohnt.

Aber dann kommt der Rückweg – und der entwickelt sich zu einem ziemlichen Problem, weil es inzwischen beinahe vollständig dunkel geworden ist. An ein paar Taschenlampen hat unser Reiseleiter leider nicht gedacht und Handys mit einer solchen Funktion gibt es 1994 auch noch keine … Wir nehmen die Umgebung nur noch schemenhaft wahr, gehen daher langsam und sehr vorsichtig und machen uns durch leise Zurufe auf tückische Wegstellen aufmerksam. Beim Klettern über größere Steinbrocken reichen wir uns gegenseitig hilfreich die Hand. „Jetzt bloß keinen Fuß brechen", denke ich ängstlich. Dann wäre es vorbei mit der wunderbaren Reise, die gerade erst begonnen hat.

An einem besonders kritischen Punkt zündet jemand unverhofft ein Streichholz an. Was für eine großartige Idee! Erleichtert atmet mancher auf, ich auch. Dem ersten Zündholz folgen weitere und auch das eine oder andere kleine Flämmchen eines Feuerzeugs ist zu entdecken.

In diesem winzigen und doch so kostbaren Licht bewältigen wir nun fast mühelos den Rest des Weges. Alle „Höhlenforscher" kommen heil und gesund wieder am Reisebus an.

Eins begreife ich nach diesem Erlebnis: Jesus sagt zwar, wir Christen sollen ein Licht für die Welt sein – aber nirgends steht geschrieben, dass wir die Power einer überdimensionalen Flutlichtanlage ausstrahlen müssen. Eben habe ich erfahren, wie unschätzbar wichtig und wertvoll schon das unspektakuläre, kleine Leuchten einer Streichholzflamme sein kann ...

Almsommer

Manchmal lernt man völlig überraschend ganz besonde-re Menschen kennen. Diese Erfahrung machen wir heute wieder einmal.

Zum ersten Mal sind wir im Großen Walsertal im Urlaub und gerade auf dem Rückweg von einer Bergtour. Der stei-nige, teilweise stark ausgespülte und abschüssige Weg nach unten ins Tal verlangt zunächst unsere ganze Aufmerksam-keit. Bald führt er jedoch in den Wald hinein. Dort geht es zwar immer noch steil bergab, aber der Steig ist nicht mehr ganz so voller Steine und Felsgeröll und weniger ausge-waschen. So nehmen wir auch wieder die Landschaft um uns herum intensiver wahr, die Blumen und Pflanzen am Wegesrand, die kleinen flatternden Schmetterlinge – und eine Frau, die sich weit vor uns ziemlich langsam und be-dächtig ebenfalls in Richtung Tal bewegt.

Als wir sie einholen, grüßen wir uns gegenseitig und wechseln ein paar Worte, zunächst mehr oder weniger nichtssagend. Aber dann wird das Gespräch interessanter.

Die Frau heißt Carol, ist in Tirol zu Hause und ein paar Jahre jünger als wir. So oft wie möglich ist sie in den Bergen unterwegs, hier in Vorarlberg oder daheim in Tirol – im Sommer mit Wanderschuhen, im Winter auf Skiern. Ver-mutlich gibt es kaum einen Bergpfad, Kammweg oder Klet-tersteig, den sie nicht schon gegangen ist. Sie kennt die Tie-re der Bergregion vom kleinsten Insekt bis zum Steinbock, und sämtliche Alpenpflanzen kann sie mit Namen benen-nen, mit dem deutschen und dem lateinischen. Jetzt erklärt sie uns mit ansteckender Begeisterung, dass sie gerade eben Pflanzen entdeckt hat, die in dieser Gegend fast ausgestorben waren. Die musste sie natürlich fotografieren.

Gemeinsam gehen wir weiter und erfahren nebenbei auf dem Weg ins Tal so viel Interessantes über die Natur, die Landschaft und ihre Geschichte, wie uns kein Reiseführer auch nur annähernd vermitteln könnte. Sie gibt uns außerdem Wandertipps, verrät, wo man die leckerste frische Milch und den besten Almkäse hier in der Gegend bekommt, und erzählt unter anderem von dem großen Lawinenunglück 1954 in Blons, einem Nachbardorf.

Zwischendurch holt sie ihre kleine flache Edelstahlflasche aus dem Rucksack und wir trinken Bergbrüderschaft – mit selbst gemachtem Likör aus besonderen Kräutern und dem Nektar von Bergklee.

Bevor wir uns schließlich vor unserem Urlaubsquartier trennen, tauschen wir die Anschriften, Telefonnummern und E-Mail-Adressen aus.

In den folgenden Jahren bleiben wir in freundschaftlicher Verbindung, meist über E-Mail, erzählen, was uns gerade bewegt, und tauschen uns über alle möglichen Themen aus – von Glaubensfragen über Weltpolitik und geschichtliche Ereignisse bis hin zu nationalem Brauchtum.

Irgendwann schreibt Carol dann mal: „Weißt du, dass ich auch einmal einen Sommer lang beinahe so einfach wie vor 100 Jahren gelebt habe? Es war einer der schönsten Sommer meines Lebens …“

Jetzt hat sie mich neugierig gemacht und ich will natürlich mehr wissen.

„Ich habe in dieser Zeit auf einer Alm gelebt, die auch

heute noch bewirtschaftet wird", erzählt sie. „Es ist keine Gemeindealm, sondern eine private, sie gehört also direkt einem Bergbauern. Jedes Jahr ziehen Helmut und Martha mit den drei Kindern Ende Mai oder Anfang Juni mitsamt ihren Kühen für vier Monate hoch auf ihre Bärenbadalm im Karwendelgebirge, rund 1.460 m oberhalb des Achensees. Helmut ist Großhirte und Senner zugleich, Martha kocht für alle und bewirtschaftet die Hütte. Die ist eine beliebte Einkehr bei Bergwanderern. Die Alm liegt nur höchstens eine Viertelstunde Fußweg entfernt von der Bergstation der Karwendelbahn, da kommen viele Leute gern für eine kleine Brotzeit, eine Jause, vorbei. Freilich ist die ganze Arbeit zu zweit nicht zu schaffen und deshalb stellt Helmut immer noch zwei Hilfskräfte ein. Vor fast dreißig Jahren, als junge Frau, war ich eine davon. Ich durfte wählen zwischen der Arbeit mit den Kühen samt allem Drum und Dran oder der Hilfe bei der Gästebetreuung in der Jausenstation. Ich habe mich sofort für die Kühe entschieden und war einen Sommer lang Kleinhirt. Es war vor allem meine Aufgabe, zweimal täglich die 20 Kühe zu melken – allerdings mit der Melkmaschine. Außerdem habe ich Steine von den Wiesen geräumt, mit der Sense Ampfer gemäht, damit er nicht die Almwiesen überwuchert, gelegentlich Pilze gesucht und ab und zu Beeren gesammelt. Und wenn in der Jausenstation viel Betrieb war, dann habe ich dort auch geholfen und Käse- und Schinkenbrettchen angerichtet."

Mich interessiert, wie das mit dem Melken ablief: „Ich schätze mal, da war bereits sehr früh morgens die Nacht für dich zu Ende?"

„Eigentlich nicht. Unsere Kühe waren über Nacht draußen und tagsüber im Stall. Da musste ich gar nicht so früh aufstehen zum Melken."

Das finde ich recht merkwürdig und verwundert frage ich zurück: „Wieso stehen die Tiere denn am Tag im Stall und sind nicht auf der Weide?"

„Wegen der Rossbremsen", erklärt mir Carol. „Die beißen am Tag gnadenlos in die Euter der Kühe. Das bereitet den Tieren sehr große Schmerzen. Deshalb sind sie nur nachts draußen. Im Stall habe ich sogar noch frische Büschel vom Farn aufgehängt, den mögen die Bremsen nicht. So haben die Tiere am Tag einigermaßen Ruhe vor diesen Biestern."

Das wusste ich noch nicht, man lernt wirklich nie aus!

Und weiter erzählt sie: „Es gab bei uns auf der Alm um sieben Uhr Frühstück, eine halbe Stunde später bin ich losgezogen, um die Kühe zu holen. An sonnigen Tagen standen sie meistens schon von selbst vor der Stalltür, weil sie Schutz vor den Rossbremsen suchten. Im Stall hatte ich zwei Melkmaschinen stehen, für jede Seite eine. Zuerst habe ich mit der Hand die erste Kuh kurz vorgemolken und dann an die Melkmaschine gehängt. Danach gab es die gleiche Prozedur auf der anderen Seite.

Einen Teil der Milch hat der Senner nach dem Melken zum Buttern und für seinen Graukäse verwendet, das ist eine ganz leckere Tiroler Spezialität. Etliche Liter wurden auch in der Jausenstation ausgeschenkt und verkauft. Den Rest hat Helmut in großen Kannen mit dem Traktor samt Hänger hinunter ins Tal gefahren. Da gab es irgendwo eine zentrale Sennerei, die sie aufkaufte und weiterverarbeitete."

Das ist ganz schön viel Arbeit, finde ich. Aber neben der

Mühe gab es auch immer wieder schöne Erlebnisse – das erfahre ich in einer nächsten E-Mail.

„Es geschah im Ausgang des Sommers, irgendwann im September. Die Bremsenplage war weitestgehend vorbei und die Kühe konnten jetzt endlich auch tagsüber draußen grasen. Sie waren weit verstreut über die ganze Alm, wir hatten sie längst nicht alle im Blick. Aber das ist ja normal, zur Melkzeit kommen sie schon von alleine heim. Ich kannte meine Tiere inzwischen in- und auswendig. Wir hatten schließlich viele Wochen eng miteinander verbracht. Eine der Kühe war hoch trächtig, sie musste gar nicht mehr gemolken werden. Und eines Tages wusste ich: Heute ist es bei ihr so weit! Irgendwie hatte sie sich anders verhalten als sonst. Am Nachmittag fand ich keine Ruhe mehr. Ich ging zu Helmut und sagte: ‚Du, ich geh die trächtige Kuh suchen. Ich hab so ein merkwürdiges Gefühl ...‘ Also zog ich los und nach ungefähr zwanzig Minuten fand ich sie – als stolze Mama mit einem süßen Kälbchen. Schnell rannte ich zurück und holte Helmut. Wir ließen die Kuh dann noch eine Weile ausruhen und erfreuten uns an dem Anblick, dann brachten wir sie zum Stall. Ich führte die frischgebackene Mama am Halfter und Helmut trug ihr neugeborenes Kalb. Es war ein kleines Wunder, das ich da erleben durfte."

Zum Schluss schreibt sie etwas wehmütig: „Mein Almsommer fühlte sich wirklich fast an wie das Paradies, ich war so unendlich glücklich. Weißt du, wenn man ehrlich ist, braucht man eigentlich gar nicht viel zum Leben – ich jedenfalls nicht. Es reicht, wenn man genug zu essen und zu trinken hat, etwas zum Anziehen, ein warmes Zuhause und ein Dach über dem Kopf, eine Arbeit oder Aufgabe, an die man gern und mit Freude geht … und vielleicht ein paar liebe Menschen um einen herum. Wenn Gott uns das alles schenkt – ist das nicht Glück genug?"

Lachen verbindet

Irgendwo sind wir falsch abgebogen! Auf dem Rückweg von einer Tageswanderung durch die Berge im Hinterland des nördlichen Gardasees haben wir ganz offensichtlich eine Abzweigung zu früh oder zu spät genommen. Das ist aber nicht schlimm. Wir haben es nicht eilig und bis zum Abendessen im Urlaubshotel in Limone ist noch reichlich Zeit.

Zumindest sind wir schon mal in den ländlich geprägten Außenbezirken des Ortes angekommen. An diesem Fleckchen Erde waren wir in den fast zwei Wochen unseres bisherigen Aufenthalts noch nie, obwohl wir wirklich viel herumgelaufen sind.

Vermutlich kommt hier in den kleinen engen Gassen ganz am Rand des renommierten Urlaubsortes kaum einmal ein Tourist des Weges. Sie liegen zu abseits vom See, der Uferpromenade, den Flanierbereichen mit Cafés, Restaurants, Galerien und Läden aller Art. Aber hübsch ist es hier, friedlich und beschaulich.

Ein eingezäuntes Eckgrundstück erregt jetzt unsere Aufmerksamkeit. Hinter dem Zaun macht sich eine größere Rasenfläche breit, am linken Rand sind ein paar ordentlich gepflegte Beete abgetrennt und weiter hinten am gegenüberliegenden Ende steht ein einzelnes älteres Wohnhaus, einstöckig und mit ausgebautem Dachboden. Daneben entdecken wir verschiedene kleine Gebäude teils aus Holz, teils aus Steinen errichtet. Es scheinen Ställe zu sein, denn vor uns auf der Wiese tummeln sich jede Menge Haustiere.

Einige Ziegen mit etlichen süßen Zicklein hüpfen umher, zwei kleine Hunde spielen mit einem Stöckchen, ein grunzendes Schwein wälzt sich genüsslich herum, mehrere Katzen streifen durchs hohe Gras und ein Hahn stolziert mit seiner großen vielfarbigen, gackernden Hühnerschar kreuz und quer über den Rasen. Und mittendrin tummeln sich zwei quietschvergnügte Kinder im Vorschulalter.

Was für ein Idyll!

Fasziniert und belustigt schauen wir eine ganze Weile zu und beobachten schmunzelnd das lebhafte Treiben. Auf einmal versucht der kleine Junge, auf dem Schwein zu reiten. Damit ist das Tier logischerweise nicht einverstanden, es quiekt empört, schüttelt sich kurz und der Bub landet im weichen Gras. Ein köstliches Schauspiel!

Mit unserer Beherrschung ist es jetzt vorbei. Wir lachen Tränen – und plötzlich lacht neben uns jemand mit. Eine ältere Frau steht innen am Zaun; die hatten wir bisher noch gar nicht bemerkt. Es ist offenbar die Oma der Kinder.

Wir grüßen sie freundlich, worüber sie sich sichtlich freut. Sie erklärt uns etwas und zeigt dabei auf ihre Enkel und die Tiere. Natürlich verstehen wir kein Wort davon. Dafür erzählen wir ihr, dass wir in Limone Urlaub machen und heute wandern waren – was logischerweise *sie* nicht versteht. Das macht aber nichts, wir lachen alle drei und beobachten gemeinsam das fröhliche Spielen. Jetzt versucht das Mädchen einen Schweineritt. Doch auch sie landet auf der Wiese und redet danach schimpfend auf die arme Sau ein. Wir schütten uns aus vor Lachen, genauso wie die Oma neben uns.

So geht es eine ganze Weile. Wir reden und scherzen

miteinander, ohne jeweils ein einziges Wort der anderen Sprache zu verstehen. Darüber müssen wir dann erst recht lachen.

Schließlich verabschieden wir uns von der freundlichen Frau. Nach ein paar Metern drehen wir uns noch einmal um und winken. Sie schaut uns lächelnd hinterher und winkt uns ebenfalls, bis wir um die nächste Kurve der Gasse biegen und außer Sicht sind.

Was für eine herzerwärmende Begegnung – auch wenn keiner die Sprache des anderen verstanden hat. Freundlichkeit und Lachen sprechen wohl immer noch deutlicher als Worte, Gott sei Dank!

Ein Örtchen in den Bergen

Das läuft heute nicht ganz so, wie wir es uns vorgestellt haben. Von unserem Urlaubsdomizil aus, einem Gebirgsdorf auf 1.450 m Höhe, wollen wir in den nächstgelegenen Ort unten im Tal wandern. Auf der engen, kurvenreichen Bergstraße braucht man für diese Strecke mit dem Auto rund eine Viertelstunde. Es sollte also zu Fuß gut zu schaffen sein – allerdings möchten wir natürlich nicht auf der Autostraße laufen. Wie wir unserer Wanderkarte entnehmen, gibt es einen hübschen schmalen Wanderweg hinunter, der die meiste Zeit durch den Wald führt. Das ist uns sehr recht, denn das Thermometer klettert schon am frühen Vormittag in schwindelnde Höhen.

Nun ist die Karte das eine, aber die Realität das andere – und die holt uns bereits nach den ersten Kilometern ein. Der schöne Weg endet mitten im Wald abrupt an einem Erdrutsch, wohl vom letzten schweren Gewitter mit Starkregen vor einigen Tagen. Es wäre recht gefährlich, hier einen Abstieg auf eigene Faust zu versuchen. Die Bergwacht untersagt auch folgerichtig auf einem Schild am rotweißen Absperrbalken das Weitergehen und weist auf eine andere Wanderroute als Umgehung hin. Die nehmen wir und geraten nach kurzer Zeit auf einen asphaltierten Güterweg, der zumindest erst einmal nach unten führt.

Schlauer wäre es gewesen, an der gesperrten Stelle umzukehren, aber das ahnen wir zu diesem Zeitpunkt noch nicht. Außerdem hätten wir dann auch etwas ganz Besonderes verpasst ...

Der Güterweg wirkt endlos, er zieht und zieht sich, immer wieder kommt eine neue Biegung. Mittlerweile haben wir das Gefühl, in eine völlig falsche Richtung zu laufen und ständig weiter vom Zielort wegzukommen – bis eine erneute Haarnadelkurve uns wieder auf den richtigen Kurs bringt. Das Schlimmste ist, dass dieser Weg schon bald aus dem Wald herausführt. Es gibt kaum Schatten und die heiße Augustsonne knallt vom Himmel. Zum Glück haben wir genug Wasser im Rucksack mitgenommen.

Die Strecke will kein Ende nehmen. Uns war zwar klar, dass ein Wanderweg ins Tal hinunter ein ganzes Stück länger ist als der Straßenverlauf – aber *so lang*, das hat keiner von uns vermutet.

Nach etwa drei Stunden unterwegs auf dem asphaltierten Weg, ständig bergab und in glühender Hitze, haben wir die Nase gestrichen voll und die Laune ist ziemlich im Keller. Aber wenigstens geht es jetzt endlich wieder einmal ein Stück durch den Wald und siehe da, in einiger Entfernung zeigt sich eine Lichtung mit einer Alm und dazugehöriger Hütte. Vielleicht gibt es dort ein Glas frische Milch für uns!

Mit neuem Mut legen wir einen Zahn zu – und werden bitter enttäuscht. Die Alm ist nicht bewirtschaftet, weit und breit sind keine Kühe in Sicht und die verheißungsvolle Hütte hat vor langer Zeit schon wesentlich bessere Tage gesehen.

Aber was ist das?

Unweit der vernachlässigten Almunterkunft entdecken wir ein kleines schmales Holzhäuschen. Die Bretter sind kaum verwittert, es steht also höchstens ein oder zwei Jahre dort. Die Tür wird mit einem einfachen Holzriegel zugehalten und in der oberen Hälfte ist ein Herz ausgesägt worden. Das wird doch nicht etwa …?

Neugierig schaue ich nach und öffne behutsam die Tür. Dann muss ich schallend lachen.

Im Häuschen steht tatsächlich ein pieksauberes Plumpsklo aus Porzellan, an einer Halterung an der Wand hängt weiches geblümtes Toilettenpapier und auf dem Holzfußboden neben dem Becken steht eine bis oben hin mit Wasser gefüllte rote Kunststoffgießkanne zum Nachspülen. Ein schmales geöffnetes Fensterchen sorgt für frische Luft.

Alles hätten wir auf dieser Strecke erwartet, aber ein schickes Trockenklo mitten am Weg auf keinen Fall. Was für eine lustige Überraschung – unsere miese Stimmung hebt sich schlagartig. Bei bester Laune legen wir die restliche knappe Wegstunde bis zum Dörfchen im Tal zurück. Erstaunlich, was ein stilles Örtchen in den Bergen so bewirken kann!

Beschützt und geborgen

Es gibt Orte in der Nähe oder Ferne, die muss man einfach immer wieder einmal aufsuchen – entweder, weil dort so liebe Menschen wohnen oder wegen der Lage und der Aussicht, und manchmal auch, weil man gute Erinnerungen oder wichtige Ereignisse damit verbindet.

Uns geht es so mit einigen Alpen samt bewirtschafteten Hütten in der Umgebung unseres langjährigen Urlaubsdomizils im Großen Walsertal. Alle sind sie irgendwie schön und reizvoll, aber es gibt unter ihnen zwei oder drei, die einen ganz besonderen Platz in unseren Herzen haben.

Eine davon ist die Alpe Oberüberlut in knapp 1.580 m Höhe. Dort stimmt einfach alles. Der Weg ist zwar relativ lang und geht oft ziemlich steil bergauf, bietet aber immer wieder wundervolle Aussichten ins Tal oder auf die Wälder und bunten Wiesen rechts und links von uns. Oben von der Hütte aus hat man dann einen traumhaften Blick in die Bergwelt ringsumher und die Sennereiprodukte sind einfach köstlich – vor allem, wenn man sie in frischer, freier Bergluft genießen kann. Das Beste allerdings sind die freundlichen, aufrichtigen Menschen, die den Sommer über die Alpe bewirtschaften.

Selbstverständlich ist auch in diesem Jahr ein Besuch dort fest eingeplant.

Die Wanderung nach oben dauert gute zwei bis zweieinhalb Stunden und als wir ankommen, begrüßt uns Margret, die Frau des Senners, wie liebe alte Freunde: „Da seid ihr ja, wie schön! Ich hab schon auf euch gewartet. Grad dieser Tage hab ich an euch gedacht. Ich weiß doch, dass ihr immer so gegen Mitte August unten in Buchboden seid. Und ich wär sehr traurig gewesen, wenn ihr nicht zu uns hochgekommen wärt!"

„Natürlich kommen wir zu euch auf die Alpe! Schließlich haben wir uns ein ganzes Jahr lang darauf gefreut!", lachen wir. Dann gibt es herzliche Umarmungen, wir setzen uns an den gemütlichen Holztisch vor der blumengeschmückten Alphütte und es dauert nicht lange, da stehen zwei große Gläser mit frischer, kühler Milch vor uns. Was für ein Genuss!

Aber nicht nur die Milch schmeckt hervorragend, auch einem mit Gewürzgurke und Kräutern liebevoll garnierten Käsebrettchen können wir – wie in jedem Jahr! – nicht widerstehen.

Normalerweise plaudern wir ausgiebig und gemütlich mit Margret. Es ist bei ihnen und bei uns in dem dazwischenliegenden Jahr genug passiert, worüber wir uns austauschen wollen.

Heute ziehen sich aber über den Bergen in der Ferne recht bedrohliche, dunkle Wolken zusammen. Wir bleiben also nicht so lange wie üblich, um noch ins Tal zu kommen, bevor das Unwetter richtig losbricht.

„Kommt doch einfach noch mal wieder, wenn ihr es schafft – und sonst bleibt behütet bis nächstes Jahr!", verabschiedet uns Margret, umarmt uns fest und drückt mir noch ein kleines Schraubglas mit selbst gesammelten und getrockneten Kräutern für einen würzigen Bergtee in die Hand.

Als wir etwa eine Viertelstunde lang unterwegs sind, beginnt es zu regnen. Na gut, das ist nun kein Problem. Wir holen die wasserdichten Wetterjacken mit Kapuze aus den regenfesten Rucksäcken und ziehen sie über, dann geht es weiter. Der Regen stört uns nicht.

Doch von Weitem blitzt und donnert es schon eine ganze Weile und das Gewitter kommt jetzt beängstigend schnell näher. Bei Gewitter sind wir nur ungern im Freien unterwegs, schon gar nicht oben in den Bergen. Doch am Weg gibt es weit und breit keinerlei sichere Unterstellmöglichkeit und wir brauchen noch mindestens eine Stunde bis hinunter in den Ort. Es hilft nichts, wir müssen weiter.

Da erinnern wir uns an eine kleine alte Berghütte, die ein ganzes Stück weiter unten im Tal irgendwo zwischen den Laub- und Nadelbäumen steht, nur ein paar Meter vom Weg entfernt. Wenn wir es wenigstens bis dorthin schaffen würden … In Gedanken schicke ich ein Stoßgebet zum Himmel.

Wir schaffen es! Die Hütte ist zwar verriegelt und alle Fensterläden fest verschlossen, aber über ein paar Holzstufen gelangen wir ganz bequem auf eine zugängliche Veranda auf der wetterabgewandten Seite. Sie ist überdacht und auch von den Seiten her gut geschützt. Wunderbar!

Das Wetter bricht nun mit aller Macht los. Es gießt wie aus Eimern und blitzt und donnert, was das Zeug hält. Wir aber sitzen geschützt und gemütlich auf weichen roten Kissen auf einer Bank, lehnen uns an die warme hölzerne Rückwand der Hütte und genießen das Geborgensein.

Nachdem das Gewitter abgezogen ist, lässt auch der Regen schnell nach und hört bald ganz auf. Dann nehmen wir den Rest des Heimweges in Angriff. Aber irgendetwas ist anders als vor einigen Stunden beim Aufstieg … Wir schnuppern verwundert und trauen unseren Nasen nicht recht: So wunderbar hat es hier noch nie gerochen, dabei sind wir doch schon so oft hier entlanggelaufen! Dann wird uns klar, dass die Kräuter, Blumen und Blütensträucher am Weg erfrischt durch den Regen diese großartigen, intensiven Düfte und Aromen entfalten. Der leichte Sommerwind weht sie genau in unsere Richtung. Ganz tief atmen wir sie ein – schade, dass man solch einen Duft nicht konservieren kann!

So schnell werden wir diesen Tag nicht vergessen, und nach und nach begreifen wir staunend, wie vielfältig und überreich wir heute beschenkt worden sind.

Rätselhaftes

Seit mindestens zehn Minuten zermartere ich mir den Kopf. Es gibt ein Rätsel zu lösen und ich weiß genau, dass ich die richtige Antwort kenne. Aber gerade komme ich einfach nicht drauf!

Doch ich will von Anfang an erzählen …

Wir machen zurzeit endlich die lang ersehnte Reise durch Andorra, das kleine Fürstentum mitten in den Pyrenäen. Ich hatte alle möglichen Vorstellungen von diesem Land hoch oben in den Bergen – und alle waren sie irgendwie falsch. Es ist noch viel, viel schöner hier als erwartet! Auch das Wetter spielt hervorragend mit. Schon jetzt im Frühsommer steigt das Thermometer bis auf 26 Grad und vom nur leicht bewölkten Himmel lacht die Sonne.

Heute steht für unsere Reisegruppe eine Rundfahrt an und mit dem Bus geht es kreuz und quer durch die überaus abwechslungsreiche Landschaft. Gerade noch kurven wir oben auf einer Kammstraße mit wunderbaren Ausblicken herum und kurz darauf fahren wir schon durch ein liebliches Tal mit saftigen blumenbunten Wiesen, bestaunen romantische schmale Steinbrücken oder kleine Siedlungen mit uralten Häusern und Kapellen. Die meisten davon sind aus Feldsteinen errichtet – aber derartig gekonnt und genial gebaut, dass sie unbeschadet bereits etliche Jahrhunderte überdauert haben. Respekt!

Gegen Mittag kommen wir in Ordino an, einer hübschen Gemeinde in 1.300 m Höhe.

Dort wurde in einem ehemaligen Herrenhaus aus dem

17. Jahrhundert ein sehr interessantes Museum für Lokal-
geschichte eingerichtet. Für uns ist eine besondere Führung
vorbestellt und wir genießen sie. Was für Schätze gibt es in
den engen, kleinen Räumlichkeiten zu entdecken! Neben
anderen Stücken wird hier ein Teil der Besitztümer eines
früheren Bewohners des Anwesens ausgestellt. Dieser Herr
war seinerzeit offenbar sehr vielseitig interessiert und unter anderem als Forscher oft auf Reisen. Von unterwegs
brachte er sich Andenken mannigfaltiger Art mit – zum
Beispiel ein ganz besonders prächtig und kreativ gearbei-
tetes Schachbrett.

Und hier beginnt nun das Rätselraten ...

Unser junger Reiseleiter Aniol hatte uns vor Beginn der
Besichtigung darauf hingewiesen: „Sie werden nachher im
ehemaligen Arbeitszimmer ein ganz besonderes Schachbrett sehen. Die wundervollen Intarsien, mit denen es auf
der Oberfläche verziert ist, bestehen aus einem sehr spe-
ziellen, außergewöhnlichen Material. Ich verspreche dem,
der das Material errät, eine kleine Belohnung."

„Ist das denn so schwer rauszukriegen?", fragt jemand
verwundert.

„Offenbar schon", lacht der junge Mann. „Zumindest
ist es bisher in meinen Reisegruppen kaum einmal jeman-
dem gelungen."

Wir finden das Brett und staunen tatsächlich über die
ungewöhnliche und wunderschöne Gestaltung. Das Spiel-
feld an sich sieht relativ unspektakulär aus, aber die breite
Einfassung drum herum präsentiert dem Betrachter Intarsien prächtigster Art – zart und doch kräftig leuchten sie in
hell- und dunkelblauen Mustern, durchwirkt mit schmalen

cremefarbenen und breiteren schwarzen Streifen, minimalen rötlichen Fleckchen und viel Türkis.

Aber welches Material ist das? Schon wird kräftig spekuliert und die Vorschläge purzeln nur so. Von Schlangenhaut über chinesische Seide, farbigem Pergament, gefärbtem Tropenholz und Pfauenfedern bis hin zu gepressten exotischen Blütenblättern wird alles Mögliche genannt. Aniol schüttelt nur den Kopf und schmunzelt in sich hinein.

Na schön, dann erraten wir es eben nicht. Wo ist das Problem? Weiter geht es durch die restlichen Räume der Ausstellung.

Doch ich bekomme das Schachbrett nicht aus dem Kopf. Die Maserungen, die Struktur der Oberfläche – ich habe so etwas schon mal gesehen, ziemlich oft sogar, das weiß ich genau. Aber wo?

Von den Farben her hätte ich möglicherweise auch an Pfauenfedern gedacht, aber das stimmte ja nicht. Der Gedanke an einen Pfau bringt mich irgendwie auf den wunderschönen Schmetterling Pfauenauge – und plötzlich fügen sich die Puzzleteile ineinander und es fällt mir wie Schuppen von den Augen: Die Einlegearbeiten sind aus Schmetterlingsflügeln gemacht!

Vor dem Einsteigen in den Reisebus fragt Aniol tatsächlich noch einmal, ob jemand neue Erkenntnisse zum Schachbrett hat.

„Ja", melde ich mich zaghaft, „ich habe inzwischen eine Idee. Ich glaube, die Intarsien bestehen aus Schmetterlingsflügeln."

Der junge Mann schaut mich verblüfft an: „Wie kommen Sie darauf?"

„Na ja, ich liebe Schmetterlinge und beobachte sie gern im Garten oder beim Wandern durch Wiesen und Felder. Und die ganze Struktur der Flügel, ihre Beschaffenheit, die Materie insgesamt – die sieht bei Admiral, Pfauenauge und Co. ziemlich ähnlich aus wie bei dem Material im Schachbrett, nur eben in völlig anderen Farben …"

Aniol hebt den rechten Daumen und nickt mir anerkennend zu: „Sie haben es erraten! Der ehemalige Besitzer des Hauses war einige Zeit als Forscher in Brasilien und hat sich das Spielbrett als Souvenir mitgebracht. Für die Intarsien wurden tatsächlich Flügel von einem tropischen Riesenschmetterling verwendet. Es gibt dort Menschen, die verendete Schmetterlinge sammeln und an die Hersteller solcher Einlegearbeiten verkaufen. Das haben Sie gut beobachtet, ich gratuliere!"

Die Mitreisenden staunen und klatschen, ich freue mich und bin ein bisschen stolz.

Am nächsten Morgen, leider dem letzten in den Pyrenäen, drückt mir unser Reiseleiter ein kleines in Geschenkpapier eingewickeltes Päckchen in die Hand: „Ich hatte Ihnen doch einen Preis versprochen, hier ist er."

Es ist ein Kühlschrankmagnet mit Motiven von Andorra – was für eine nette Geste!

Doch die größte Freude macht mir Aniol, als er sich am Abend vor unserer Heimfahrt von uns verabschiedet. Er nimmt mich einfach in die Arme, drückt mich ganz fest und sagt leise und bewegt: „Auf Wiedersehen, Schmetterlingsfrau, und bleiben Sie gesund!" Mir wird ganz warm ums Herz. Schmetterlingsfrau – einen so schönen Namen hat noch nie jemand für mich gefunden!

Vom Alltag beglückt

Goldener Oktober

Ungewöhnlich schönes und warmes Herbstwetter versöhnt mich mit dem kühlen, verregneten Sommer dieses Jahres.

Ich sitze auf einem Baumstumpf am Waldrand und zu meinen Füßen wuchern üppige Brombeerranken. Ihre Blätter wetteifern um den schönsten Farbton zwischen Hellorange und Weinrot. Milde Sonnenstrahlen fallen schräg ins Unterholz.

Ganz leicht und sanft weht der Wind. Er ist gerade kräftig genug, um die goldgelben Blätter der Laubbäume von ihren Zweigen zu lösen. Leise und weich tanzen sie wie rieselnde Goldtaler zur Erde.

Wäre ich ein kleines Mädchen, würde ich jetzt meinen Rock weit aufhalten und wie Sterntaler im Märchen all die Pracht einfangen. So halte ich dafür wenigstens Augen und Seele weit offen und speichere in mir das Glück und die Herrlichkeit dieses Tages.

In dunkleren Zeiten will ich mich daran erinnern und daraus wieder Freude tanken und Hoffnung schöpfen.

Was für ein Tag!

Es gibt im Leben hin und wieder Tage, an denen man am besten im Bett geblieben wäre.

So gut wie alles, was schiefgehen kann, geht auch tatsächlich schief. Ich habe heute mal wieder einen solchen Tag erwischt – genau genommen begann er schon gestern.

Vor Kurzem beschlossen wir, unseren Kleingarten ein wenig umzugestalten und mehr bienen- und schmetterlingsfreundliche Stauden zu pflanzen. Weil wir bei den örtlichen Anbietern nicht so recht fündig wurden, wühlte ich mich begeistert durch das große Angebot eines Gartenversandes und bestellte online, was uns gefiel. Am gestrigen Freitag sollte das Paket laut E-Mail zugestellt werden.

Super, das passte perfekt. Gerade an diesem Samstag hatte ich keinen Dienst in der Buchhandlung und den ganzen Tag frei, so würde ich gleich morgens mit der Pflanzaktion loslegen können.

Doch der Freitag verging und kein Paketbote klingelte. Okay, erst einmal schlafen, dann sehen wir weiter.

Heute Morgen holt uns die lachende Sonne schon früh aus den Federn. Während mein Ehemann noch im Bad ist, kümmere ich mich ums Frühstück.

Als Erstes muss ich feststellen, dass ich gestern Abend vergessen habe, die beiden Brötchen für heute aus dem Tiefkühlschrank zu nehmen. Kein Problem, dann gibt es eben Toastbrot. Ich lege die ersten beiden Scheiben in den Toaster und drücke den Schieber nach unten. Da bemerke ich einen seltsam unangenehmen Geruch. Unmittelbar darauf gibt es einen kurzen Puff und grauschwarzblaue kleine Rauchwölkchen ringeln sich empor – das Teil hat seinen Geist aufgegeben! Ich verzeihe es ihm ja, wir haben das Ding schon etliche Jahre in Gebrauch. Aber ungetoastetes Toastbrot – das geht gar nicht. Die Alternative wäre Müsli, doch im großen Vorratsglas herrscht dummerweise nahezu gähnende Leere. Schließlich essen wir Honig, Marmelade, Rübensirup und Käse auf dunklem Körnerbrot. Damit können wir leben und es schmeckt sogar recht lecker.

Nach dem Frühstück checke ich noch einmal meine E-Mails, vielleicht gibt es ja eine neue Info vom Paketauslieferer. Tatsächlich – man teilt mir freundlich mit, dass die Sendung aufgrund einer technischen Störung in einem Verteilzentrum leider erst am Montag zugestellt werden kann ... Was bedeutet, meine armen lebenden Pflanzen verbringen eingezwängt in einem engen dunklen Karton ein langes, heißes, trockenes Wochenende irgendwo in einer muffigen Lagerhalle. Das kann ja heiter werden!

Wir fahren trotzdem in den Garten, es gibt auch sonst genug zu tun dort. Ich packe für das Kaffeetrinken am Nachmittag noch schnell den kleinen Marmorkuchen ein, den ich gestern gebacken habe, dann brechen wir auf.

Unser Kleingarten liegt etwas außerhalb am Stadtrand und als wir dort auf dem Parkplatz aussteigen, fällt uns auf, dass wir beide unsere Smartphones zu Hause gelassen haben. Sie hängen wohl noch zum Aufladen des Akkus an der Steckdose. Noch einmal zurück fahren ist keine Option. Aber früher hatten wir auch keine Handys und haben es überlebt!

Mein Mann reinigt die Fugen zwischen den Wegplatten,

ich kümmere mich um die schmale Rabatte vor der Außenhecke und freue mich jetzt schon auf ein gemütliches Kaffeetrinken bei Vogelgezwitscher im Schatten des alten Apfelbaums.

Aber dazu soll es nicht kommen. Gegen Mittag wird die Luft drückend schwül und am Horizont braut sich ein Unwetter zusammen. Von Weitem donnert es bereits leise.

„Was meinst du, fahren wir heim?", schlägt mein Mann vor. „Das wird wohl nichts Rechtes mehr heute." Ich bin sofort einverstanden, denn beim Anblick der dunklen Wolken ist mir mit Schrecken eingefallen, dass das Schlafzimmerfenster noch offen steht. Im vierten Stock ist das zwar in Bezug auf mögliche Einbrecher eher unerheblich, aber bei einem Unwetter nicht unbedingt empfehlenswert. Vorsichtshalber behalte ich diese Feststellung aber erst einmal für mich …

Wir säubern die Gartengeräte und verstauen sie im Schuppen, waschen uns, wechseln die Klamotten und ab geht es nach Hause.

Dort blinkt hektisch der Anrufbeantworter und auf beiden Smartphones lesen wir die Info über einen entgangenen Anruf. Angezeigt wird die Mobilfunknummer unseres Sohnes. Die Nachricht auf dem Anrufbeantworter ist auch von ihm: „Hallo, ich wollte euch nur kurz Tschüss sagen, ich fliege doch heute zu Lars nach New York. Ich bin gerade in der Abflughalle auf dem Frankfurter Flughafen und checke gleich ein. Ich versuch's noch mal auf euren Handys. Wenn ich euch nicht erreichen sollte, macht euch keine Sorgen. Ich melde mich, sobald ich in den USA gelandet bin. Bis bald!"

Stimmt, sein Freund hatte ihn für eine Woche nach New York eingeladen – ich habe es total vergessen.

„Macht euch keine Sorgen" ist leicht gesagt. Ich mache mir natürlich welche, die schlimmsten Szenarien vor Augen: Flugzeugabstürze, Entführungen und alles mögliche andere. Ausgerechnet in die USA fliegt er – die Erinnerung an den schrecklichen 11. September 2001 überrollt mich und ich gerate in leichte Panik. Wenn unserem Sohn irgendetwas passiert, dann habe ich mich nicht einmal von ihm verabschiedet, nicht noch ein letztes Mal mit ihm gesprochen. Jetzt kann ich ihn auch nicht mehr zurückrufen, er ist mit seinem Flieger längst irgendwo über dem weiten Ozean.

Mein Mann will mich beruhigen: „Weißt du, wie viel Flugzeuge täglich in der Luft sind, wie viele Tausende oder gar Millionen Menschen ständig fliegen? Warum soll ausgerechnet unserem Sohn etwas passieren?"

„Und warum ausgerechnet ihm nicht?" Mein Verstand sagt mir, dass mein Mann natürlich recht hat – aber erkläre das mal einer meinem Herzen!

Um irgendetwas zur Ablenkung zu tun, gieße ich die Topfpflanzen auf dem Fensterbrett im Wohnzimmer. Ungeschickt und zerstreut stoße ich dabei mit dem Ellenbogen einen Blumentopf herunter, der natürlich prompt zerbricht. Nun also auch noch Scherben und Dreck – beides passt irgendwie voll zu diesem Tag.

Dabei haben wir zu dem Zeitpunkt noch nicht einmal die Post von der Hausverwaltung gelesen, die wir vorhin beim Heimkommen im Briefkasten vorfanden. Wir hatten eine Änderung zum bestehenden Mietvertrag vereinbart, die schon zweimal fehlerhafte Angaben enthielt. Heute wird sie uns zum dritten Mal zugeschickt – und zum dritten Mal sind wieder falsche Daten drin. Also müssen wir erneut schreiben oder anrufen und reklamieren – mittlerweile bin ich wirklich genervt.

Inzwischen ist draußen das Wetter richtig losgebrochen, es blitzt und donnert gewaltig und der Regen prasselt heftig gegen die Scheiben.

Ein Blick auf die Uhr erinnert uns, dass mittlerweile die Spiele der unterschiedlichen Fußballbundesligen begonnen haben. Wir sind beide fußballbegeistert und rufen die Spielstände auf dem Handy ab. Das war keine gute Idee. Unser CFC hat zwar noch eine knappe halbe Stunde zu spielen, liegt aber bereits 0:2 zurück und wird in der Tabelle wohl weiter nach unten rutschen.

Was für ein Tag! Langsam reicht es mir. Wir brauchen dringend eine Aufmunterung. Am besten, ich koche uns einen guten Kaffee und schneide jedem ein leckeres Stück Kuchen dazu ab.

O nein – der Kuchen! Mein Marmorkuchen steht noch im Garten in der Laube ... Hoffentlich finde ich im Vorratsschrank wenigstens ein halbwegs vernünftiges Päckchen Waffeln oder Kekse ...

Im Gewirr meiner trüben Gedanken habe ich gar nicht gemerkt, dass das Gewitter mittlerweile abgezogen ist und der Regen aufgehört hat. Ich bin völlig verblüfft, als ich durch das Küchenfenster in hellen Sonnenschein blicke. Und noch etwas sehe ich: Vor den abziehenden dunklen Wetterwolken leuchtet kräftig bunt ein wunderschöner Regenbogen.

Der Regenbogen – ein Zeichen für Gottes Versprechen nach der Sintflut an uns Menschen: „Solange die Erde besteht, soll es immer Saat und Ernte, Kälte und Hitze, Sommer und Winter, Tag und Nacht geben" (1. Mose 8,22).

Solange die Erde besteht, hält Gott sie in seiner Hand – auch mich. Samt allen meinen großen und kleinen Sorgen, meinen Kümmernissen, Problemen und Ängsten bin ich bei ihm geborgen.

Eine tiefe Freude erfüllt mich mit einem Mal und der lausige Tag relativiert sich.

Es war doch gut, dass ich nicht im Bett geblieben bin!

Lichthupe

Es ist wunderbar, wenn man seinen kleinen – oder großen – Garten direkt am Haus hat. Unser Schrebergarten ist
aber leider ein ganzes Stück entfernt von der Wohnung. Da
es oft genug einiges zu transportieren oder nicht kompos-
tierbare Gartenabfälle zu entsorgen gibt, fahren wir meist
mit dem Auto hin. Das dauert nicht lange, höchstens zehn,
zwölf Minuten – je nachdem, wie lange man unterwegs an
Verkehrsampeln warten muss.

Man könnte natürlich auch den Bus benutzen, aber das
ist umständlich. Erst müsste man hinein in die Innenstadt
fahren, dort umsteigen und sich mit einer anderen Linie
wieder in Richtung Garten kutschieren lassen. Da ist man
zu Fuß fast schneller – und billiger ist es obendrein.

Manchmal kann mein Ehemann aus unterschiedlichen
Gründen aber nicht mitkommen. Dann gönne ich mir den
Luxus und gehe zu Fuß. Dafür brauche ich von der Wohnung bis zur Gartentür ungefähr vierzig Minuten. Selbstverständlich suche ich mir dazu die schönste Route aus –
schließlich soll der Weg schon Freude machen und ein
bisschen Genuss sein. Mit anderen Worten: Ich versuche,
Gehsteige an verkehrsreichen und stark belebten Straßen
zu meiden und dafür ruhige Fußwege oder schmale Neben-
straßen zu nutzen – am liebsten durch andere Garten- und
Parkanlagen oder entlang kleiner gemütlicher Wohnsied-
lungen mit hübschen Vorgärten.

Das habe ich auch heute wieder vor. Es ist Mitte Mai und
langsam an der Zeit, dass die auf dem heimischen Balkon

vorgezogenen Sonnenblumen und die kürzlich in der Gärtnerei besorgten kleinen Astern- und Zinnienpflänzchen in die Beete kommen.

Am frühen Morgen packe ich alles vorsichtig in zwei leichte, aber stabile Körbe mit flachem Boden. Was ich sonst noch brauche – Geldbörse, Wohnungs- und Gartenschlüssel, Papiertaschentücher, mein Handy und vor allem ein spannendes Buch für den Nachmittag im Liegestuhl –, kommt in meine Umhängetasche und dann ziehe ich los.

Leider kann ich die Überquerung einer stark befahrenen Straße nicht vermeiden. Da muss ich drüber, ob ich will oder nicht. Das kann manchmal eine Weile dauern … An der Kreuzung zwei Straßen weiter unten gäbe es zwar eine Ampelregelung und natürlich könnte ich einfach bis zu dieser Ecke hinunterlaufen. Doch dazu habe ich keine Lust, hier ist der Weg eben viel schöner – und auch kürzer.

So stehe ich mit meiner Umhängetasche und zwei Körben voller kleiner grüner Pflänzchen am Fahrbahnrand und warte auf eine Lücke im Verkehr. Doch unglücklicherweise habe ich offenbar gerade eine Zeit mit extrem hohem Verkehrsaufkommen erwischt.

Soweit mein Blick nach links reicht, ist kein Ende der Autoschlange in Richtung Innenstadt abzusehen. Nur der Gegenverkehr auf der anderen Seite stadtauswärts ist sehr mäßig – das nützt mir aber nur wenig und hilft mir erst mal nicht viel weiter.

Hinter einem Linienbus und etlichen Pkws naht sich von links wieder ein großer blauer Lkw. Plötzlich fällt mir auf, dass er immer langsamer wird. Als die Lücke zu den vorausfahrenden Autos groß genug ist, bremst der Fahrer für einen Moment ganz ab und gibt mir per Lichthupe ein Signal, dass ich die Straße überqueren kann. Wie nett von ihm!

Leider kann ich dem Mann nicht winken, weil ich ja beide Hände voll habe, aber ich nicke ihm wenigstens lächelnd ein Dankeschön zu – und einen Segen, aber davon weiß er nichts. Mit einem Handzeichen grüßt er kurz zurück. Problemlos gelange ich auf die andere Seite.

Wie schön, wenn wir Menschen uns auf solch einfache Weise gegenseitig im Leben helfen.

Eine wirklich unerwartete Freude so früh am Tag!

Ist Gott nicht genial?

An einem sonnigen Freitagnachmittag Ende April betritt eine junge Frau die christliche Buchhandlung, in der ich seit vielen Jahren als Buchhändlerin arbeite. Zielstrebig und forschen Schrittes eilt sie in die Abteilung mit Geschenkartikeln. Offensichtlich weiß sie genau, was sie will!

Meine Kollegin Claudia und ich lassen sie in Ruhe stöbern und sortieren weiter die heute neu eingetroffene Ware ein. Bald merken wir jedoch, dass die Kundin zunehmend unsicherer wird. Sie wirkt, als würde sie nicht finden, wonach sie sucht. Mit einem Lächeln tritt Claudia auf sie zu und fragt freundlich, ob wir ihr helfen dürfen.

„Oh ja, das wäre toll", antwortet die junge Frau erleichtert. „Ich suche für eine Wochenend-Frauenfreizeit vierundzwanzig gleiche Geschenke mit dem Aufdruck der Jahreslosung für das laufende Jahr."

Nun, mit dem Aufdruck der jeweiligen Jahreslosung gibt es zwar immer zahllose Dinge – angefangen von Lesezeichen, Karten, Stiften und Schlüsselanhängern über Schokoladentafeln, Kühlschrankmagneten, Kerzen und Kacheln bis hin zu Notizblöcken, Postern, Tassen, Gläsern, Frühstücksbrettchen, Müslischalen usw. –, aber Ende April? Da ist meistens schon alles ausverkauft!

Oftmals sind wir sogar froh, wenn wir ab März nicht mehr viel davon im Geschäft stehen haben, denn erfahrungsgemäß wird dann kaum noch danach gefragt.

Nun ist guter Rat teuer!

Claudia bietet der Kundin ein paar hübsche Kugelschreiber in verschiedenen Farben an – davon haben wir noch genügend vorrätig.

„Ich weiß nicht recht", überlegt sie zögerlich, „das ist zwar besser als nichts, aber eigentlich nicht das, was ich suche. Es sollte schon etwas mehr sein und kann gern so um die drei bis fünf Euro kosten."

Fast verzweifelt wendet sich Claudia an mich: „Hast du nicht eine Idee, was wir vielleicht noch irgendwo haben könnten?"

Während Claudia und die Kundin den Laden durchsucht haben, habe auch ich fieberhaft mit überlegt, und mir ist tatsächlich etwas eingefallen: „Warte mal, da war vor Kurzem noch eine komplette Packung von den kleinen Kerzen mit der Jahreslosung im Regal links neben dem Fenster. Das wären dann sogar genau vierundzwanzig Stück!"

Die junge Frau schaut etwas merkwürdig drein – offenbar sind bedruckte Stumpenkerzen nicht so ihr Ding. Aber die Sache erledigt sich leider sowieso von selbst, denn bei einem Blick ins Regal sehe ich, dass bis auf vier Stück inzwischen alle Kerzen verkauft worden sind.

Aufmunternd schaue ich die Kundin an, denn sie wirkt mittlerweile recht verzweifelt. „Wir schauen einfach mal im Computer, was von den Verlagen noch angeboten wird, ja?", schlage ich vor. „Sicher finden wir etwas, das Ihnen zusagt und im Preis passt und dann bestellen wir das gern für Sie. Bis wann brauchen Sie denn die Geschenke?"

Unsere Kundin sieht nun ziemlich zerknirscht aus und wringt die Hände. „Das ist eben das Problem, ich brauche sie schon morgen … Ja, ich weiß, ich bin schrecklich spät dran!"

Da stehen wir nun alle drei ziemlich ratlos und leicht deprimiert im Laden.

Die junge Frau ist enttäuscht, weil sie keine passenden Geschenke für ihr Frauenwochenende zum Thema der Jahreslosung findet, und wir, weil wir ihr wohl nicht helfen können – und außerdem auch den Umsatz von vierundzwanzig mal drei bis fünf Euro nicht haben werden. Plötzlich geht ein Leuchten über Claudias Gesicht: „Ich glaube, ich hab's!"

Und schon ist sie weg.

Unsere Kundin und ich schauen uns erstaunt an und blicken dann Claudia hinterher. Die taucht gerade tief in eins der unteren Fächer in der Ecke bei den Geschenkartikeln ein.

Als sie sich wieder aufrichtet, strahlt sie und hält einen Stoß kleine Notizbüchlein mit Spiralheftung und dem Aufdruck der Jahreslosung auf dem Einband in den Händen. Freudig erklärt sie uns: „Die habe ich vor längerer Zeit dort unten verstaut, weil ich Platz brauchte für neue Ware. Diese Notizbüchlein sollten eigentlich schon vor drei Monaten mit anderer nicht verkaufter Saisonware an den Verlag zurückgehen. Ich hatte sie aber damals dummerweise irgendwie übersehen und habe mich seinerzeit mächtig darüber geärgert. Anscheinend hatte ich das Ganze aber bis eben total vergessen."

Freudestrahlend und sehr enthusiastisch stürzt unsere Kundin auf Claudia und die Büchlein zu: „Mensch, toll! Das ist ja genau das Richtige!"

Eifrig zählt sie nach – und kommt auf einundzwanzig Exemplare ...

Claudia und mir will schon das Lächeln vergehen. Ein-undzwanzig Büchlein sind nun mal nicht die vierundzwan-zig benötigten Exemplare. Ob die Kundin jetzt doch ent-täuscht den Laden verlassen wird?

Doch die junge Frau lacht nur fröhlich und erklärt: „Na, das klappt ja haargenau! Drei Stück davon habe ich näm-lich schon im Korb, die lagen vorhin hier oben im Regal."

Großartig! Schnell packen wir noch vierundzwanzig blaue, rote und schwarze Kugelschreiber dazu und schon steht die Kundin zum Bezahlen an der Kasse. Wir sind alle sichtlich erleichtert und einige Minuten später zieht eine überglückliche junge Frau davon.

Meine Kollegin und ich sehen uns an – war das alles nur ein großer Zufall? Für uns nicht!

Claudia spricht aus, was wir beide denken: „Nun sag mal ehrlich, ist Gott nicht genial?"

Und dabei strahlt sie wie ein Honigkuchenpferd.

Saftiges Vergnügen

Die Advents- und Weihnachtszeit ist bei uns im Erzgebirge die schönste Zeit des Jahres.

Die meisten Menschen verbringen sie normalerweise gemütlich daheim in ihren liebevoll geschmückten Häusern und Wohnungen oder auch im engen Freundes- und Familienkreis. An unzähligen Orten gibt es darüber hinaus besinnliche Andachten, feierliche Gottesdienste, festliche weihnachtliche Konzerte und fröhliche Nachmittage in trauter Runde. Da wird musiziert, es werden Weihnachtslieder gesungen, Geschichten erzählt – beides gern in erzgebirgischer Mundart – und dabei genießt man guten Kaffee, leckeren Stollen und köstliche selbst gebackene Plätzchen.

Nie hätte ich mir träumen lassen, dass ich mich ausgerechnet in diesen stillen und beschaulichen, von Kerzenlicht, Wärme und Behaglichkeit geprägten Wochen freiwillig in hoffnungslos überfüllte Züge hineinzwängen und quer durch Deutschland fahren würde. Anfang Dezember 1989 tue ich aber genau das zusammen mit Ehemann und Sohn.

Der Grund ist ein Wunder – die Grenze zwischen Ost- und Westdeutschland ist seit dem neunten November nach vierzig langen Jahren endlich wieder offen! Freunde in Hessen haben uns sofort zu sich eingeladen und da wir nach zwölf Jahren Anmeldung und Wartezeit noch immer keinen „Trabant" haben, zuckeln wir an einem Freitag im Advent in proppenvollen Zügen gen Westen.

Was mich dort am meisten umhaut, sind nicht etwa die tollen Modegeschäfte, sondern schlicht und ergreifend die Obst- und Gemüseläden. Als wir in der hessischen Kleinstadt beim ersten Stadtbummel an einem vorbeikommen, bin ich überwältigt. Hier gibt es alles und das auch noch mitten im Winter: Äpfel in gefühlt zwanzig verschiedenen Sorten, dazu Birnen, Kirschen, Erdbeeren und Heidelbeeren, Pfirsiche, Ananas, Pampelmusen, Orangen und Mandarinen, Bananen in Hülle und Fülle und jede Menge Früchte, die ich noch nie gesehen habe. Kiwis und Mangos kenne ich wenigstens dem Namen nach vom Erzählen der Rentner, die schon mal „drüben" zu Besuch waren. Aber was sind Avocados, Litschis, Papayas und Auberginen? Oder Granatäpfel, Maracuja, Andenbeeren?

Diese überreiche Fülle! Mir gehen die Augen über und ohne dass ich es will oder beeinflussen kann, laufen mir die Tränen übers Gesicht. Es ist mir so peinlich!

Der Gemüsehändler schaut mich mitleidig an: „Sie kommen aus dem Osten, stimmt's?"

Das macht meine Gefühlslage auch nicht gerade besser.

Ein winziger Bruchteil dieses Überangebotes hätte mir in den vergangenen Jahren schon völlig genügt!

Blitzartig steht mir auf einmal ein Erlebnis aus dem Urlaub im August 1989 vor Augen. Liegt diese Zeit wirklich erst vier Monate zurück? Es kommt mir wie eine kleine Ewigkeit vor, so viel ist unterdessen passiert.

Zu dritt verbringen wir unsere zwei Wochen Sommerurlaub in einem kleinen Bungalow mitten in einem Garten in Berlin-Müggelheim, den eine Familie privat vermietet. Von dort aus erkunden wir per Bus und Bahn oder zu Fuß die Hauptstadt, zumindest dort, wo es möglich ist – also auf östlicher Seite.

Wir besuchen Museen und zur besonderen Freude unseres Sohnes den großartigen Rummelplatz im Plänterwald, verbringen einen ganzen Tag auf der Aussichtsplattform des Flughafens in Berlin-Schönefeld, baden im Müggelsee, liegen auf der Wiese in der Sonne und lesen oder machen Boots- und Dampferfahrten auf der Spree.

Selbstverständlich stehen wir auch in befohlener respektvoller Entfernung und unter sorgfältiger Bewachung durch Soldaten der Grenztruppen vor dem berühmten Brandenburger Tor, nicht ahnend, dass wir es bald auch von der anderen Seite aus bestaunen dürfen ...

Heute wollen wir zum Müggelturm wandern. Dort soll es zwar ein Selbstbedienungs-Gartenrestaurant geben, aber ob es geöffnet hat und was man dort bekommen kann – bzw. ob man überhaupt etwas erhält –, steht in den Sternen. Ich packe also für alle Fälle belegte Brote, Kekse, Äpfel und kalten ungesüßten Tee ein und dann ziehen wir bei herrlichem Sommerwetter los. Es ist angenehm warm, die Sonne lacht, ein kleines Lüftchen weht und wir haben beste Laune.

Die wird schlagartig noch viel besser: Vor der kleinen Verkaufsstelle, an der unser Weg vorbeiführt, steht eine Menschenschlange. Wir erfahren, dass es gerade Pfirsiche gibt.

Wann habe ich das letzte Mal einen Pfirsich gegessen? Ich kann mich nicht mehr daran erinnern. Wenn wir überhaupt einmal das Glück hatten, zwei oder drei dieser wundervollen Früchte zu ergattern, dann bekam die selbstverständlich unser Sohn. Aber der Dreizehnjährige weiß auch nicht mehr, wie die Dinger geschmeckt haben, so lange ist das schon her.

Die Wanderung zum Müggelturm verschieben wir umgehend auf morgen, reihen uns unverzüglich in die Schlange ein und warten geduldig, bis wir nach ungefähr vierzig Minuten an der Reihe sind. Dann allerdings trauen wir unseren Augen kaum.

Solche herrlichen Früchte haben wir alle drei noch nie gesehen! Sie sind groß, goldgelb und weich und ihren Duft kann man schon aus mehreren Metern Entfernung wahrnehmen.

Noch unglaublicher ist, dass man nicht nur zwei, drei Stück oder bestenfalls ein Kilo bekommen kann – man darf wirklich eine ganze komplette Stiege kaufen, wenn man will. Und ob wir wollen!

Freudestrahlend ziehen wir Augenblicke später mit unserem unfassbar kostbaren Schatz davon, zurück zum Urlaubsquartier.

Dort genießen wir in der warmen Augustsonne auf der kleinen Terrasse vor dem Bungalow die süßen, saftigen Pfirsiche und können unser Glück kaum fassen. Wir essen die unglaubliche Menge beinahe restlos auf. Es ist wie ein Traum, wie ein großes, wunderbares, unverhofftes Sommerfest für uns und DAS Urlaubserlebnis schlechthin.

Mitten im Winter, bei Schneeregen vor einem Obstgeschäft in einer hessischen Kleinstadt, muss ich jetzt wieder daran denken – und bin aus tiefstem Herzen glücklich und dankbar. Nicht nur für den großartigen Pfirsichgenuss im vergangenen Sommer, sondern vor allem auch für das Wunder der geöffneten Grenze, die unser schönes Land viel zu lange teilte.

Applaus für Gott

Die Organisatoren der überkonfessionellen Evangelisation „Pro Christ" zeigen sehr viel Mut und noch mehr Gottvertrauen, als sie diese Großveranstaltung für das Jahr 2009 nach Chemnitz vergeben – ausgerechnet nach Chemnitz, das bis vor etlichen Jahren noch Karl-Marx-Stadt hieß und eine eher sozialistisch geprägte Arbeiterstadt ist. Von hier aus soll also acht Tage lang jeden Abend die Botschaft von Gottes Liebe live per Satellit in zahlreiche Veranstaltungsorte in Deutschland und ganz Europa übertragen werden. Viele fragen sich, ob das wohl gut geht …

Stattfinden wird das Ganze in der Messe Chemnitz, der sogenannten „Arena", einer großen Veranstaltungshalle mit Bühne und einem variablen Zuschauerraum, in dem bei Bedarf mehrere Tausend Personen Platz finden können. Für jeden Abend soll ein buntes Rahmenprogramm gestaltet werden mit Musik, Theaterszenen und Interviews bekannter christlicher Persönlichkeiten der Region aus Politik, Wirtschaft, Kultur und Sport, bevor danach Ulrich Parzany predigt. Es gibt also jede Menge zu tun und vorzubereiten für die Christen der Stadt und im näheren Umfeld.

Frauen und Männer, junge und ältere Menschen aus der Evangelisch-Lutherischen Landeskirche und unterschiedlichen Freikirchen gehen mit Feuereifer und Liebe die Aufgabe an und arbeiten konzentriert, mit viel Fantasie, Gebet und guten Ideen zusammen, um die Abende zu planen und auszugestalten.

Um eine Art Testlauf für die eigentliche Veranstaltung im Frühjahr zu machen, gibt es an einem Sonntag im Januar schon einmal einen Probegottesdienst. Alles soll so ablaufen, wie es dann an den Pro-Christ-Abenden vonstattengehen wird. Wenn es Probleme oder Unklarheiten irgendwelcher Art geben sollte, wird man die so noch rechtzeitig beheben können.

Alle christlichen Gemeinden der Stadt und der näheren und weiteren Umgebung werden informiert und eingeladen bis weit hinauf ins Erzgebirge und Vogtland. Ja, eigentlich ist das halbe Sachsen mobilisiert worden. Auch in der Öffentlichkeit wird geworben durch Plakate, Flyer und alle möglichen anderen Formen.

Die erste bange Frage ist, wie viele Leute wohl an diesem Sonntagvormittag kommen werden. Die Messehalle wird vorsichtshalber für 3.000 Teilnehmer vorbereitet. Man nimmt allerdings an, dass das sicherlich zu optimistisch gedacht ist. Schon bald erkennen die Verantwortlichen, wie kleingläubig sie waren – oder wie groß Gott ist. Die Zuschauerränge müssen erweitert werden. Das geht zum Glück sehr schnell und ist unkompliziert.

Schließlich nehmen rund 4.500 Besucher an diesem Probegottesdienst teil.

Ulrich Parzany ist rechtzeitig in Chemnitz eingetroffen und steht für die Predigt bereit. Das vorbereitete Rahmenprogramm läuft bestens. Die Pro-Christ-Band spielt voller Elan, der eigens gegründete Pro-Christ-Chor singt mitreißend und überzeugend und auf großen Projektionsflächen werden die Liedtexte zum Mitsingen für die Gemeinde eingeblendet.

Alles klappt vorzüglich und wie am Schnürchen – bis zum Dank- und Fürbittgebet.

An die vier aufgestellten Mikrofone am vorderen Rand der Bühne treten zwei Frauen und zwei Männer aus unterschiedlichen Gemeinden, die im Wechsel das Gebet sprechen werden.

Rundum auf den Zuschauerrängen und unten im Saal wird es mucksmäuschenstill. Alle schließen ehrfürchtig die Augen, falten andächtig die Hände und hören – nichts.

Der erste Beter beginnt zu sprechen. Er hat offensichtlich gar nicht mitbekommen, dass die Verstärker nicht funktionieren. Vielleicht verstehen ihn ja die Leute unmittelbar in den vorderen Reihen, aber sonst definitiv niemand. Ich sitze mit meinem Ehemann und Freunden aus der Gemeinde ziemlich weit oben auf dem Rang. Wir bekommen nur ein ganz, ganz leises, undeutliches und undefinierbares Murmeln mit.

Keiner weiß, was der Mann am ersten Mikrofon betet, aber plötzlich dröhnen mit voller Kraft die Verstärker rundherum los – ausgerechnet in dem Moment, wo er sagt: „Dank sei dir für alle technischen Möglichkeiten, die wir nutzen, um dein Evangelium so vielen Menschen zu sagen ...“

Da bricht in der andächtig-stillen Messehalle plötzlich unbeschreiblicher Jubel los. Mit herzlichem, fröhlichem Lachen und kräftigem Applaus feiern wir unseren Gott, der über allem steht – zweifellos auch über der modernen Technik.

Schatzsuche

Ich bin schon immer eine Leseratte gewesen.

Als Schulkind zog es mich regelmäßig in die gut bestückte Dorfbücherei. Dort war ich bekannt wie der sprichwörtliche bunte Hund – und meine Vorlieben auch. Mit braven Mädchengeschichten hatte ich allerdings nicht viel am Hut. Dafür las ich leidenschaftlich gern spannende Abenteuerbücher.

In meiner Fantasie lebte ich auf alten Burgen und in geheimnisvollen Schlössern, mitten im Dschungel des Amazonas, unter Aborigines in den tiefen, urwüchsigen Wäldern Australiens oder mit Schiffbrüchigen auf einsamen, aber wunderschönen Inseln in der Südsee.

Mein großer Traum war es, einmal selbst einen vergrabenen Schatz zu entdecken, vielleicht eine Truhe mit wertvollem Schmuck und kostbaren Gold- und Silbermünzen.

Inzwischen bin ich einige Jahrzehnte älter und die Aussicht, irgendwo in fremden Ländern oder auf verfallenen Herrensitzen einen Goldschatz zu heben, ist relativ gering.

Eine Schatzkiste habe ich aber trotzdem:

In einer bunten Weißblechtruhe mit gewölbtem Deckel, die ehemals leckere Lebkuchen enthielt, bewahre ich alle möglichen Dinge auf, die mir im Laufe der Jahre besonders wertvoll geworden sind. Man ahnt nicht, wie viele Kostbarkeiten sich da nach und nach ansammeln!

Da gibt es das erste selbst gebastelte Kastanienpferdchen der dreijährigen Enkeltochter, inzwischen schrumpelig und ausgetrocknet.

Oder hier die Geburtstagskarte von einer lieben jungen Frau. Es war ihr letzter persönlicher Gruß an mich, zwei Monate später kam sie auf tragische Weise ums Leben.

Daneben liegt, behutsam in einen Bogen Seidenpapier gewickelt, ein gepresstes Gänseblümchen aus einem Sträußchen, das mir ein völlig fremdes kleines Mädchen einfach mal so schenkte.

Ich finde zwei trockene kleine Kiefernzapfen, aufgelesen in einer Burgruine an der Mosel. Sie sind Mitbringsel vom Schauplatz eines historischen Romans, den ich sehr mag.

Dann entdecke ich ein paar Fleißkärtchen mit Ludwig-Richter-Bildern aus meiner Sonntagsschulzeit, ein wunderschönes altes Spitzentaschentuch von meiner Großmutter, die Schale einer Herzmuschel als Erinnerung an einen langen, herrlich erholsamen Sommerurlaub auf der Hallig Langeness und ein kleines Spruchkärtchen mit einem Bibelwort, das mir in einer bestimmten Situation sehr wichtig geworden ist.

Ich halte das schwarz-weiße Ultraschallfoto unserer ersten Enkelin in Händen und zwei Eintrittskarten zu Veranstaltungen, die unterschiedlicher nicht sein konnten. Die eine gehört zu einem unvergesslichen Liederabend mit einer inzwischen recht bekannten Opernsängerin, die andere zu einem mitreißenden Fußball-Länderspiel zwischen Deutschland und Nordirland im Nürnberger Stadion.

Zu meinen Schätzen gehört seit Kurzem auch eine blütenweiße Schwanenfeder. Ich kann mich noch genau daran erinnern, wie ich in ihren Besitz kam:

Mein Mann und ich besuchten das berühmte Sommerhaus von Bertolt Brecht und Helene Weigel im märkischen

Buckow. Ich hatte ein eher mondänes Anwesen erwartet und wurde angenehm überrascht von dem beschaulich-gemütlichen Gartenhaus, romantisch gelegen zwischen hohen Pappeln, alten Tannen und mächtigen Erlen, umgeben von einem kleinen parkähnlichen Garten und direkt am Ufer des Schermützelsees. Ich war hell begeistert. Hier könnte ich mich wohlfühlen.

Wir setzten uns eine Weile auf eine Bank am Weg und genossen das idyllische Fleckchen Erde. Da kam hoheitsvoll eine Schwanenfamilie anspaziert: Vater, Mutter und fünf Kinder. Unweit von uns rasteten sie auf einer Wiese. Der Schwanenpapa bewachte seine Lieben, putzte sich dabei das Gefieder und ließ eine große schneeweiße Feder fallen, eine Handbreit von seinem Schnabel entfernt. Natürlich konnte ich diesem Reiz nicht widerstehen ...

Ganz behutsam und leise näherte ich mich dem stolzen Tier, sah ihm unablässig in die Augen und redete ihm liebevoll zu: „Was für eine wundervolle Feder ist das! Ich würde sie gern haben und gut aufbewahren. Schenkst du sie mir?"

Der Schwan senkte kurz den Kopf. Das wertete ich als ein zustimmendes Nicken.

Trotzdem schlug mir das Herz bis zum Hals und ich hatte eine Heidenangst vor einem plötzlichen Angriff mit dem harten Schnabel. Ich hielt die Luft an, griff todesmutig, aber sehr vorsichtig und sanft nach der Feder und hielt sie tatsächlich bald unbehelligt in Händen.

„Danke", flüsterte ich. Der Vogel neigte noch einmal huldvoll seinen Hals in meine Richtung. Dann drehte er sich elegant um und stolzierte davon, die restliche Schwanenfamilie im Gänsemarsch hinterher.

Seitdem gehört die weiche weiße Feder zu meinen ganz besonderen Besitztümern.

Vieles andere findet sich noch in meiner Schatztruhe: Erinnerungen an liebe Menschen, an unvergessliche Erlebnisse, wunderbare Begegnungen und frohe Augenblicke. Ein Reichtum, der kostbarer und wertvoller ist als alles Gold und Silber und alle Edelsteine der Welt.

Jedes einzelne Stück sagt mir, wie bunt, glücklich und wunderbar mein Leben ist und wie reich mich Gott bis heute immer wieder beschenkt.

Ja, zum Glücklichsein braucht man tatsächlich nicht viel.

Carolin Kotthaus (Hrsg.)

Ich schenk dir Hoffnungsgeschichten

64 Seiten, Taschenbuch
ISBN 978-3-7655-4368-5

Eine junge Frau findet einen Kieselstein mit einer ganz besonderen Botschaft, ein kleines Mädchen lernt einen „Engel" kennen, eine Witwe bekommt neuen Lebensmut und ein Taxifahrer versteht plötzlich seine Berufung.

Zum Welttag des Buches geben Brunnen-Autoren in sieben bekannten und sechs brandneuen Kurzgeschichten etwas von der Hoffnung ihres Glaubens weiter – Hoffnung, die durchträgt, die Ausblick gibt und Freude schenkt!

Mit dabei:
Dorothee Dziewas, Rebekka Gohla, Ursula Imhof,
Ingrid Kretz, Bettina Poock, Ingeborg Reinhold,
Rolf-Dieter Wiedenman und Uli Zeller

BRUNNEN VERLAG GMBH
www.brunnen-verlag.de